廉洁文化丛书　　　　　广东党的建设研究院重点研究成果

FAZHAN JIJI JIANKANG DE
DANGNEI ZHENGZHI WENHUA

发展积极健康的
党内政治文化

赵伟程　胡国胜　著

广东人民出版社

·广州·

图书在版编目（CIP）数据

发展积极健康的党内政治文化／赵伟程，胡国胜著. —广州：广东人民出版社，2024.8

（廉洁文化丛书）

ISBN 978-7-218-17514-0

Ⅰ．①发… Ⅱ．①赵… ②胡… Ⅲ．①中国共产党—政治文化—党的建设—研究 Ⅳ．①D26

中国国家版本馆 CIP 数据核字（2024）第 076745 号

FAZHAN JIJI JIANKANG DE DANGNEI ZHENGZHI WENHUA

发展积极健康的党内政治文化

赵伟程　胡国胜　著　　　　　　　　　版权所有　翻印必究

出 版 人：肖风华

出版统筹：卢雪华
策划编辑：曾玉寒
责任编辑：伍茗欣　李宜励
文字编辑：曾靖怡
装帧设计：样本工作室
责任技编：吴彦斌

出版发行：广东人民出版社
地　　址：广州市越秀区大沙头四马路 10 号（邮政编码：510199）
电　　话：（020）85716809（总编室）
传　　真：（020）83289585
网　　址：http://www.gdpph.com
印　　刷：广州市豪威彩色印务有限公司
开　　本：787mm×1092mm　1/16
印　　张：11.5　字　　数：220 千
版　　次：2024 年 8 月第 1 版
印　　次：2024 年 8 月第 1 次印刷
定　　价：52.00 元

总　序

陈金龙

（教育部"长江学者"特聘教授，广东党的建设研究院院长）

廉洁是人类社会共同的美德，廉洁政治是国家和人民的期待，这不仅因为廉洁本身是美好的，更因为廉洁的反面——腐败是"政治之癌"，始终是威胁国家安定、影响人民获得感幸福感的毒瘤。习近平总书记指出："一些国家因长期积累的矛盾导致民怨载道、社会动荡、政权垮台，其中贪污腐败就是一个很重要的原因。大量事实告诉我们，腐败问题越演越烈，最终必然会亡党亡国！我们要警醒啊！"

党的十八大以来，我们党开展了史无前例的反腐败斗争，以"得罪千百人，不负十四亿"的使命担当祛疴治乱，"打虎""拍蝇""猎狐"多管齐下，反腐败斗争取得压倒性胜利并全面巩固。反腐败斗争永远在路上。党的二十大报告指出，"党的建设特别是党风廉政建设和反腐败斗争面临不少顽固性、多发性问题"，仍然是我们前进道路上的主要挑战，并誓言"只要存在腐败问题产生的土壤和条件，反腐败斗争就一刻不能停，必须永远吹冲锋号"。

中华优秀传统文化凝聚着治国的智慧，如《道德经》提出了"治大国若烹小鲜"的教诲，意思是治理国家就像烹饪娇嫩的河鲜海鲜，必须小心谨慎掌握火候，多一分会过火，少一分则未熟；也不能翻来覆去，反复无常，让人无所适从。腐败治理是中国共产党政党治理的核心议题，关系党和国家的前途命运，也是治国理政中的"小鲜"。腐败现象是多种因素共同作用的结果，其中有权力监督缺失的问题，有党性缺失和世界观、人生观、价值观异化的问题，有不良党风政风和社会风气的问题，还有消极的历史传统文化的问题，等等。这意味着反腐败斗争的措施必须是全面的、系统的，多管齐下，综合发力，有恒心，有毅力。其中最难的，是净化腐败产生的土壤，也就是一些学者所谓的"腐败亚文化"问题。

常言说，心病还得心药治。遏制和去除"腐败亚文化"，净化社会土壤，就得像老子《道德经》中所说的"以道莅天下"，以习近平新时代中国特色社会主义思想为指导，按照客观规律办事。以文化润心，化解腐败产生的土壤，是反腐败斗争"道"之所在。反腐败斗争，要刚柔并济，既要有敢于斗争的大无畏精神和零容忍态度严惩腐败的"刚"，也要有善于斗争和用廉洁文化涵养社会土壤的"柔"，如此，才能烹好这锅"易糊易碎的小鲜"。

2021年7月，中共中央宣传部、中央文明办、中央纪委机关、中共中央组织部、国家监委、教育部、全国妇联共同下发《关于进一步加强家庭家教家风建设的实施意见》；2022年2月，中共中央办公厅印发《关于加强新时代廉洁文化建设的意见》。党的二十大强调，要"加强新时代廉洁文化建设"，推动严厉惩治、规范权力、教育引导紧密结合、协调联动。新时代廉洁文化既有"刚"的一面，更有"柔"的一面，是新征程上一体推进不敢腐、不能腐、不想腐的重要方略。

作风建设永远在路上，反腐败斗争永远在路上。廉洁文化建设是一个具有重要学术价值和实践属性的议题，期待这套丛书能够为新时代廉洁文化研究添砖加瓦，为新征程上的反腐败斗争实践提供助力。

　　广东党的建设研究院是经中共广东省委宣传部批准设立的重点智库，成立于 2017 年，依托华南师范大学马克思主义学院。广东党的建设研究院成立以来，承担了多个党建类研究课题，出版了多部党建主题学术专著，公开发表相关学术论文上百篇，但围绕一个特定的党的建设研究主题组织撰写丛书，从不同角度、多个层面全方位阐释，还是第一次。这是一个新的尝试和好的开端，期待华南师范大学马克思主义学院、广东党的建设研究院有更多的围绕特定主题的成果集中出版。

　　与此同时，感谢广东人民出版社时政读物出版中心的大力支持与帮助。华南师范大学马克思主义学院同广东人民出版社有多年合作的愉快经历，广东人民出版社欣赏华南师范大学马克思主义学院教师们的学术能力，我们也赞赏广东人民出版社的敬业、专业和对学术研究者的理解、包容。这套丛书从策划选题、组织写作到文字润色、成书出版，广东人民出版社的各位编辑耗费了大量的精力，在此一并致谢！

　　是为序。

第四章

第五章

第一章

中国共产党党内政治文化的基本理论问题

研究中国共产党党内政治文化发展，一是通过厘清相关概念，明确中国共产党党内政治文化"是什么"。二是通过梳理相关理论，明确中国共产党党内政治文化发展的学理支撑。三是结合新时代背景和实践要求，明确中国共产党党内政治文化发展"为什么""干什么"。

一、中国共产党党内政治文化的主要内涵

党内政治文化是政党政治品格、价值追求、行为模式的集中反映。一个政党的兴旺发达，离不开先进政治文化的支撑。中国共产党党内政治文化的内涵包括具体内容、主要特征和内在结构等方面。

（一）中国共产党党内政治文化的具体内容

就文化属性而言，中国共产党党内政治文化是中国特色社会主义先进文化在党内部的延伸和拓展。从这个意义上分析，中国共产党党内政治文化既具有一般文化的特征，又体现出政党的独特政治品格。总的来看，中国共产党党内政治文化由思想文化、行为文化与制度文化三部分构成。

1. 思想文化

从一般意义上分析，思想文化是指一个国家、民族、社会群体或组织在长期发展过程中形成的，以价值观念、思维方式、道德规范、生活习俗等为主要内容的精神文化体系。它反映了特定群体的精神追求、行为模式和生活方式，具有深远的影响力和持久的传承性。具体到党内政治文化层面，思想文化集中展现了中国共产党在精神层面建立的价值体系和目标，主要包括党内价值体系、党组织价值理念和党员价值追求等。其中，党内价值体系界定了无产阶级政党的政治追求和政治品质，作为马克思主义执政党，中国共产党党内价值体系表现为忠诚老实、光明坦荡、公道正派、实事求是、艰苦奋斗、清正廉洁等。党组织价值理念是党内价值体系的组织化，即党组织将党内价值

体系融入组织建设当中，形成新的组织文化，这种组织文化与党内价值体系一脉相承，又体现出不同党组织的特点。党员价值追求是党内价值体系的人格化，即党员在党内价值体系的感召下坚持人民至上，全心全意为人民服务。

2. 行为文化

从一般意义上分析，行为文化是指在一定的社会环境、历史背景和价值观念影响下，人们在长期社会实践中形成的稳定的行为模式、习惯和规范。它是社会文化在个体或群体行为层面的具体体现，包括行为模式、生活习惯、工作习惯、社交规范、道德行为、仪式活动、风俗传统等。具体到党内政治文化层面，行为文化是中国共产党在长期发展过程中形成的治国理政能力、工作作风和精神风貌的总和。具体来说，中国共产党行为文化主要包括以下方面：一是优良的作风，如理论联系实际、密切联系群众、批评与自我批评相结合等；二是优良的传统，如民主集中制、谦虚谨慎、艰苦奋斗、实事求是、群众路线等；三是崇高的精神，主要指党在革命、建设、改革各个历史时期形成的革命精神，如伟大建党精神、长征精神、延安精神、改革开放精神、抗洪精神等。

3. 制度文化

从一般意义上分析，制度文化是指在一个国家、社会或组织中，通过正式的规章制度、法律条文、行为准则等所体现的文化形态。它包括那些被正式文件化、制度化，并要求成员共同遵守的规则和程序。制度文化具有规范性、权威性、稳定性、导向性、普遍性等特点，核心在于规范和指导人们的行为，确保社会秩序和组织运作的有序性。具体到党内政治文化层面，制度文化指的是保障中国共产党高效运行、行稳致远的规范性体系的集合。中国共产党将党内政治文化与制度建设相结合，形成了以党的领导制度为统领，以党内法规制度为辅助的独特制度文化。其中，党的领导制度是中国共产党领导中国人民进行革命、建设、改革的必然结果，是推进国家治理体系和治理能力现代化的重要抓手。党内法规制度又可以划分为组织法规制度、党的自身建设法规制度和党内监督法规制度等。不同法规制度承担的职能各不相同，如组织法规制度着眼于干部队伍建设、人才队伍发展、党的基层组织建设和党员管理等。党的自身建设法规制度对党的建设的各领域、各方面进行进一步规范和加强，推动党的建设高质量发展。党内监督法规制度侧重于对党的组织和个人的监督、奖惩和保障，形成有权必有责、有责要担当、用权受监督、失责必追究的激励约束机制。

（二）中国共产党党内政治文化的主要特征

中国共产党党内政治文化是中国共产党党性在文化形态方面的集中体现。这种政党文化形态不是一成不变的，而是与管党治党相伴相生，随着时代变化因事而化、因时而新，呈现出鲜明的政治性与文化性相统一、历史性与时代性相统一、党性和人民性相统一的特征。

1. 政治性与文化性相统一

政治性与文化性相统一是中国共产党党内政治文化的首要特性，这一特性是矛盾特殊性与普遍性在党内政治文化发展中的深刻体现。一方面，党内政治文化作为反映中国共产党党性的综合文化形态，由思想文化、行为文化和制度文化组成，是中国特色社会主义先进文化在党的建设领域的延伸，具有文化发展的一般性特征。另一方面，中国共产党党内政治文化服务于党的中心工作、服务于中国共产党治国理政、服务于中国共产党发展壮大，具有鲜明的政治属性。

政治性体现的是党内政治文化的特殊性，这一属性强调的是党的理想信念、政治方向、政治立场和政治纪律，通过文化发展确保全党在思想上、政治上、行动上同党中央保持高度一致。政治性不仅体现在党的理论、路线、方针、政策中，也体现在党内政治文化对党员日常行为的引导与规范中，通过党内政治文化的政治性引导党员坚定理想信念、坚守中国共产党人的精神追求。

文化性体现的是党内政治文化的普遍性，这一属性是党内政治文化的本质属性。党内政治文化作为中国共产党在不同历史时期的伟大创造，包含党的历史传统、价值观念、道德规范、行为习惯等多个方面。党内政治文化通过传承和弘扬党的优良传统、培育和践行共产党人价值观，提升党员的文化素养和道德品质，促进党员思想境界不断提升、精神世界不断丰富。

在党内政治文化中，政治性与文化性相辅相成、相互促进。政治性为文化性提供方向和保障，确保党内政治文化始终沿着正确的政治方向发展。文化性为政治性提供内涵和支撑，通过"润物细无声"的方式使党的政治理念深入人心，转化为党员的自觉行动。通过政治性与文化性辩证统一，中国共产党通过党内政治文化推进全面从严治党。

2. 历史性与时代性相统一

中国共产党党内政治文化以中华优秀传统文化为基础、以革命文化为源头、以社会主义先进文化为主体，呈现出历史性与时代性相统一的重要特征。历史性与时代性相统一是文化传承的重要特性。历史性从纵向看包括时间维度与事物发展脉络，从横向看主要是生产力的决定作用。正如马克思、恩格斯所指出的那样，虽然人们自己创造自己的历史，但他们并不是随心所欲地创造，并不是在他们选定的条件下创造，而是在直接碰到的、既定的、过去的条件下创造。因为历史的发展与生产力密切相关，而生产力是从以往的社会实践活动中产生的，是一种既得的力量。这也就意味着，任何一种文化形态不是从来就有的，而是从之前的文化形态不断发展、演化而来的，新的文化形态与之前的文化形态存在必然的联系。现实性是对事物当前发展状况的考量，蕴含着适应性、客观性、即时性等要素，是衡量文化能否持续发展的重要指标。

中国共产党党内政治文化的历史性源于对中华优秀传统文化、革命文化、社会主义先进文化的传承和赓续。中华优秀传统文化是中华民族在长期发展过程中创造和积累的，具有鲜明民族特色、深厚历史底蕴和持久文化影响力的文化遗产和精神财富，是中华民族的文化基因和文化根脉所在。革命文化是中国共产党在团结带领人民抗击外来侵略、反对封建压迫、争取民族独立和人民解放的伟大斗争中创造的，在社会主义建设、改革等历史时期不断升华的，具有深厚历史根基和鲜明时代特色的文化形态。社会主义先进文化是指在社会主义建设中形成和发展起来的，在改革过程中不断丰富和发展的，以马克思主义为指导、以社会主义核心价值观为引领，反映社会主义精神文明建设成果的文化形态。三种文化形态存在密切联系。中华优秀传统文化为革命文化和社会主义先进文化注入历史基因、提供精神动力；革命文化在传承中华优秀传统文化的基础上展现革命的理想信念与价值追求，是连接中华优秀传统文化与社会主义先进文化的重要纽带；社会主义先进文化在继承和发展中华优秀传统文化和革命文化的基础上，推动二者发生现代化转向，形成符合社会主义现代化建设需求的文化形态。三种文化形态筑牢中华民族屹立于世界民族之林的文化根基，共同构成中国特色社会主义文化自信的内容谱系，反映中国共产党党内政治文化的深厚底蕴和历史基因。

中国共产党党内政治文化的时代性体现在文化发展始终紧跟时代要求、反映时代特点，随着党的建设不断与时俱进。党内政治文化与党的建设之间存在内在的张力。一方面，党的建设是党内政治文化的发展基础。随着时代条件不断变化，党的建设面临的新问题和新情况不断增多，推动管党治党不断向前发展。党内政治文化作为管党治党的重要抓手，需要随着实践变化不断发展，更好地服务于党的建设。另一方面，党内政治文化对党的建设起着能动的反作用，表现在党内政治文化不断创新、不断回应时代课题、不断回应管党治党难题，引导全党坚守初心使命、踔厉奋发。

在党内政治文化中，历史性与时代性的有机统一既保证了党的理论创新与实践发展的同步性，又保证了管党治党实践和党的建设始终与时代同步，是加强党的建设、推进全面从严治党的重要动力。

3. 党性与人民性相统一

党性和人民性从来都是一致的、统一的。党性寓于人民性之中，没有脱离人民性的党性，也没有脱离党性的人民性。党性与人民性相统一是中国共产党党内政治文化的鲜明特性。党性和人民性的统一性源于党和人民群众的血肉联系。中国共产党来自人民、根植于人民、服务于人民，党的根基在人民、血脉在人民、力量在人民，与人民群众同呼吸、共命运、心连心，形成休戚与共的命运共同体、血肉共同体和精神共同体，人民是中国共产党执政兴国的最大底气。

中国共产党党内政治文化是中国共产党党性的集中体现。习近平指出："坚持党性，核心就是坚持正确政治方向，站稳政治立场，坚定宣传党的理论和路线方针政策，坚定宣传中央重大工作部署，坚定宣传中央关于形势的重大分析判断，坚决同党中央保持高度一致，坚决维护中央权威。这是大原则，决不能动摇。"[1] 党性是指政党固有的本性和特性，是政党政治立场、政治方向、政治原则、政治纪律等的重要体现。一方面，中国共产党党内政治文化以净化清洁党的肌体、永葆党的先进纯洁为根本任务，通过不断提升党员政治素养和精神境

---

[1]　中共中央文献研究室：《习近平关于社会主义文化建设论述摘编》，中央文献出版社 2017 年版，第 24 页。

界服务于党的建设。另一方面，中国共产党党内政治文化发展以推进全面从严治党为重要抓手和突破口，始终坚持问题导向、目标指向和行动方向相统一，不断规范党内政治生活、涵养党内政治生态，营造风清气正的党内风气，成为推进党的建设的重要动力。

中国共产党党内政治文化是人民性的集中体现。习近平指出："坚持人民性，就是要把实现好、维护好、发展好最广大人民根本利益作为出发点和落脚点，坚持以民为本、以人为本。"① 人民性是中国共产党的重要政治理念，是党的群众路线和群众观点的集中体现，是党始终代表最广大人民的根本利益的生动反映。从党内政治文化的理论来源分析，党内政治文化以马克思主义为指导。马克思主义是关于全人类解放的科学理论，带有与生俱来的人民性，这是党内政治文化人民性的理论逻辑。从党内政治文化的属性分析，作为马克思主义执政党，人民立场是中国共产党的根本政治立场，全心全意为人民服务是中国共产党的根本宗旨，以人民为中心是中国共产党的工作导向和目标追求，这是党内政治文化人民性的实践逻辑。

党性与人民性相统一体现在党内政治文化发展始终坚持正确的政治方向。中国共产党的性质宗旨决定了其指引的政治方向，从来就是与实现好、维护好、发展好最广大人民根本利益的目的导向高度一致的，是与坚持人民主体地位的政治要求高度一致的，因而也就是与以人民为中心的工作导向高度一致的。

（三）中国共产党党内政治文化的内在结构

中国共产党党内政治文化集中反映了党的政治价值、政治信仰、

---

① 中共中央文献研究室：《习近平关于社会主义文化建设论述摘编》，中央文献出版社 2017 年版，第 25—26 页。

政治使命和政治追求，是内涵丰富、结构完整的有机整体。其中，马克思主义是党内政治文化的灵魂，共产党人价值观是党内政治文化的核心，社会主义先进文化是党内政治文化的主体，三者有机统一于通过党内政治文化推动管党治党的生动实践之中。

1. 马克思主义是党内政治文化的灵魂

马克思主义是工人阶级的、以共产主义为核心的科学世界观，是无产阶级政党的指导思想，是工人阶级暴力革命的理论基础。1848年，《共产党宣言》作为共产主义者同盟的纲领发表，在宣告马克思主义问世的同时宣告了世界上第一个马克思主义政党的诞生。这在国际共产主义运动史上具有里程碑意义。1917年，十月革命一声炮响给中国送来了马克思主义，1921年，中国共产党应运而生。中国共产党一经诞生就将马克思主义作为自己的指导思想，庄严宣告初心使命，高举马克思主义伟大旗帜奋勇前进。

中国共产党的成立，深刻改变了中华民族发展的方向和进程，深刻改变了中国人民和中华民族的前途和命运，深刻改变了世界发展的趋势和格局。中国共产党运用马克思主义审时度势，科学研判国家命运，围绕中华民族伟大复兴这一主题不懈奋斗。不同历史时期，中国共产党团结带领中国人民创造了新民主主义革命的伟大成就，建立了人民当家作主的中华人民共和国，实现了民族独立、人民解放；创造了社会主义革命和建设的伟大成就，确立了社会主义基本制度，推进了社会主义建设；创造了改革开放和社会主义现代化建设的伟大成就，开创、坚持、捍卫、发展中国特色社会主义；创造了中国特色社会主义新时代的伟大成就，中华民族迎来了从站起来、富起来到强起来的伟大飞跃，中华民族伟大复兴进入了不可逆转的历史进程。

回望历史，从十月革命到中国共产党成立，再到新中国诞生；从完成"三大改造"确立社会主义基本制度，到开创中国特色社会主义，再到中国特色社会主义进入新时代，党的伟大征程深刻表明：没有马克思主义，就没有中国共产党，没有中国共产党，就没有新中国，就没有中华民族伟大复兴的光明前景。

中国共产党是以马克思主义为指导的政党，马克思主义作为党内政治文化发展的灵魂，指引着党内政治文化的发展方向。一方面，马克思主义奠定党内政治文化发展的思想基础和理论依据。马克思主义深刻揭示了人类社会发展的客观规律，为人类进步事业指明了方向。中国共产党自成立以来，始终坚持以马克思主义为指导，不断推进马克思主义中国化、时代化、大众化，不断推进党的理论创新，形成毛泽东思想、邓小平理论、"三个代表"重要思想、科学发展观、习近平新时代中国特色社会主义思想，为党内政治文化发展提供科学理论指导，奠定党内政治文化发展的思想基础和理论依据。另一方面，马克思主义赋予党内政治文化鲜明的政治立场。马克思主义是关于无产阶级与全人类解放的科学理论，中国共产党以马克思主义为指导，始终将人民利益放在第一位，始终将人民根本利益作为党的一切工作的出发点和落脚点，人民至上的价值立场是党内政治文化的重要特征。

2. 共产党人价值观是党内政治文化的核心

价值观是个人或群体关于价值认识的根本观点，是人们判断事物好与坏、美与丑、正义与邪恶、重要或不重要、值得或不值得的重要标准，对人的思想行为和实践活动有直接影响。和价值观的一般含义相对应，政党价值观是政党宗旨、性质和目标的反映。政党价值观是党内政治文化的核心，有什么样的价值观，就有什么样的党内政治文化。2018年6月，习近平在主持十九届中央政治局第六次集体学习时将共产党人价值观概括为"忠诚老实、公道正派、实事求是、清正廉洁"，要求以良好的政治文化涵养风清气正的党内政治生态。十六字的共产党人价值观内涵丰富、意义重大，阐明了中国共产党人"要做什么、要干什么"，是党内政治文化的核心。

忠诚老实是党员干部的基本义务。党的八大将对党忠诚老实庄严写入党章。习近平反复强调，任何时候、任何情况下，党的领导干部在政治上都要站得稳、靠得住，对党忠诚老实。随着党不断发展壮大，党员干部面临的诱惑不断增加，绝大多数人能够始终保持政治定力和清廉本色，但极个别人心猿意马，对党"伪忠诚"、不老实，成为"当面一套背后一套的两面人"，不能做到为党分忧、为党尽职、为民造福，全心全意为人民服务也成为挂在嘴边的空话。因此，始终保持忠诚老实，勇于担当、直面矛盾、解决问题，是党对党员干部的基本要求。

公道正派是党员干部开展工作的关键。党的十八大以来，习近平反复强调，共产党人掌权用权，最重要的是要出于公心。作为党员干部，就是要大公无私、公私分明、先公后私、公而忘私，做到坦荡做人、谨慎用权、堂堂正正。价值观是行动的指南，只有坚持公道正派的价值观，自觉处理好公与私的关系，始终保持对权力的高度敬畏，坚决抵制"有权不用过期作废"的消极政治文化，杜绝在权力关上失德、失守，才能踏踏实实干事创业。

实事求是是马克思主义的根本观点，是党的思想路线的基本内容，也是党员干部树立正确政绩观的关键。从党成立至今，就一直强调力戒形式主义、官僚主义。形式主义、官僚主义与中国共产党的作风格格不入，花拳绣腿、贪图虚名、弄虚作假、脱离群众、漠视现实等是群众深恶痛绝的。形式主义、官僚主义用轰轰烈烈的形式代替了扎扎实实的落实，用光鲜亮丽的外表掩盖了深层次的矛盾和问题，无法有效应对风险挑战，还有可能助长党内的不良风气。因此，实事求是的价值观意味着党员干部要真抓实干、脚踏实地，深入基层、深入群众。

清正廉洁是共产党人的鲜明品格。党的十八大以来，习近平反复强调，清正廉洁是共产党人的政治本色。"本色"意味着本来的样子，共产党人天生就是清正廉洁、拒绝腐败、抵制一切不良政治文化的。党内政治文化发展要抵制市场经济条件下商品交易逻辑对党员干部的腐蚀，引导党员干部面对各种"围猎"和诱惑始终保持共产党人政治本色，清清白白为官、干干净净干事、老老实实做人。

3. 社会主义先进文化是党内政治文化的主体

社会主义先进文化是在社会主义建设和改革过程中形成和发展的，以马克思主义为指导、以社会主义核心价值观为引领的，反映社会主义精神文明建设成果的文化形态。社会主义先进文化是党内政治文化的主体，这是由社会主义先进文化的特性决定的。

就属性而言，社会主义先进文化有鲜明的中国特色。这里说的中国特色，体现在理论和实践两个方面。从理论维度分析，相对于马克思、恩格斯对无产阶级文化发展的论述而言，中国共产党把马克思主义文化理论与中国实际相结合，形成中国特色社会主义先进文化。从实践维度分析，与以苏联为代表的社会主义文化发展模式而言，社会主义先进文化的中国特色体现在以下方面：一是文化发展起点上的中国特色。根据马克思、恩格斯的设想，社会主义是资本主义之后的一个更加高级的社会发展阶段，也就是说，社会主义是建立在消灭资本主义的基础之上的，社会主义先进文化也要在消灭资本主义文化之后才能发展。然而，中国共产党创造性地在半殖民地半封建社会的基础上建立社会主义制度，将党在新民主主义革命过程中创造的文化形态直接发展为社会主义先进文化，避免了资产阶级文化的消极影响。二是文化制度上的中国特色。中国共产党通过改革创新建立了中国特色社会主义文化制度，如马克思主义在意识形态领域指导地位的根本制度、广泛践行社会主义核心价值观、推动文化产业繁荣发展等。三是文化发展指导思想上的中国特色。中国共产党创造性地发展马克思主义文化理论，赋予其更多的中国特色，更好地指导文化发展。社会主义先进文化的中国特色意味着这一文化形态能够更好地适应党内政治文化发展要求，能够根据中国共产党管党治党实际需求不断创新和丰富。

就传承性而言，社会主义先进文化不是孤立的文化形态，而是充分吸收了中华优秀传统文化和革命文化的精髓。一方面，社会主义先进文化对中华优秀传统文化进行创造性转化和创新性发展。以社会主义核心价值观为例，作为全社会共同价值追求的通俗化表达，其包含了中国古代讲仁爱、崇正义的价值理念，敬业乐群、扶危济困的道德追求，求同存异、和而不同的人文精神，天下为公、选贤举能的政治思想，为中华优秀传统文化注入新的活力。另一方面，社会主义先进文化不断赋予革命文化新的时代内涵和实践价值。以长征精神为例，"重走长征路"、长征沿线旅游、长征数字馆建设等，都是对革命文化的发展。社会主义先进文化的传承性意味着这一文化形态能够更好地传承党的优良作风与宝贵品质，能够赓续红色基因，为党内政治文化发展提供历史智慧。

就包容性而言，社会主义先进文化注重吸收借鉴人类一切优秀文明成果，不断扩充自身内在要素。这一特性赋予社会主义先进文化宽广的国际视野和世界情怀，能够推动党内政治文化"走出去"，参与国际对话，不断提升中国共产党的国际影响力，更好地塑造中国共产党的国际形象。

二、中国共产党党内政治文化发展的理论基础

党内政治文化作为党的建设的重要支撑，源于管党治党的实践活动，具有深厚的理论基础。马克思主义文化理论、无产阶级政党自我

革命思想和中华优秀传统文化是中国共产党党内政治文化发展的理论基础。其中，马克思主义文化理论奠定了党内政治文化发展的基础，无产阶级政党自我革命思想指明了党内政治文化发展的方向，中华优秀传统文化提供了党内政治文化发展的有益借鉴。

（一）马克思主义文化理论为党内政治文化发展奠定了基础

马克思、恩格斯对文化的研究不局限于文化现象本身，而是从社会实践的角度解读文化，将其视为人的具体活动的产物。从这个意义上说，马克思主义文化理论建立在对社会历史运行机制和发展进步考察的基础上，这启示我们，要将党内政治文化发展置于社会发展的宏观背景之下加以考察，注重分析党内政治文化与全社会文化的互动关系。

1. 党内政治文化是政党历史实践的产物

作为一种社会现象，文化的产生不是孤立的，而是与生产力和生产关系有直接联系。1859 年，马克思在《〈政治经济学批判〉序言》中指出："人们在自己生活的社会生产中发生一定的、必然的、不以他们的意志为转移的关系，即同他们的物质生产力的一定发展阶段相适合的生产关系。这些生产关系的总和构成社会的经济结构，即有法律的和政治的上层建筑竖立其上并有一定的社会意识形式与之相适应的现实基础。物质生活的生产方式制约着整个社会生活、政治生活和精神生活的过程。不是人们的意识决定人们的存在，相反，是人们的社会存在决定人们的意识。"① 这一论述表明，经济基础与上层建筑的互动是文化产生的重要原因，人的实践则决定了文化产生的方式。如果用以上论述来理解党内政治文化与政党的关系，可以得出如下结论：

① 《马克思恩格斯文集》第 2 卷，人民出版社 2009 年版，第 591 页。

党内政治文化与政党相伴相生，产生于政党的实践之中。也就是说，党内政治文化不是政党的附属，而是具有相对独立性，对政党的发展起到能动的反作用。

马克思、恩格斯关于文化产生的观点对我们理解中国共产党党内政治文化提供了重要启示：一是要在党的发展历程中理解党内政治文化。党内政治文化不是静态的，而是随着中国共产党的发展壮大不断变化。解读中国共产党党内政治文化，既要从共时性的角度认识党内政治文化发展的一般规律和普遍特征，也要从历时性的角度分析党内政治文化发展的动态和趋势。二是要注重党内政治文化与中国共产党其他构成要素的互动关系。如党内政治文化与党内政治生态、党内政治生活之间的互动，党内政治文化发展与党的思想建设、组织建设的关系，党内政治文化与党内法规的区别和联系等。

2. 党员是党内政治文化发展的主体

马克思主义文化理论认为，人是文化发展的主体。马克思在《1844 年经济学哲学手稿》中指出，人通过实践创造对象世界、改造无机世界，证明自己是有意识的类存在物。马克思在比较人与动物的生产方式中得出结论，认为动物的生产是片面的，而人的生产是全面的，人可以在不受肉体需要的情况下生产，"懂得按照任何一个种的尺度来进行生产，并且懂得处处都把固有的尺度运用于对象；因此，人也按照美的规律来构造"，"正是在改造对象世界的过程中，人才真正地证明自己是类存在物"。① 在这个过程中，"劳动的对象是人的类生活的对象化：人不仅像在意识中那样在精神上使自己二重化，而且能动地、现实地使自己二重化，从而在他所创造的世界中直观自

---

① 《马克思恩格斯文集》第 1 卷，人民出版社 2009 年版，第 163 页。

身"①。从这里可以看出，人的活动不仅仅是物质的，还包括对美的追求，即精神世界的构造，这是文化产生的重要根源。

在探究文化产生的根源之后，马克思、恩格斯从多个维度对文化进行考察。如《德意志意识形态》系统阐述了唯物史观，为理解社会结构和文化发展奠定理论基础，《路德维希·费尔巴哈和德国古典哲学的终结》深刻分析了文化和哲学的关系，《反杜林论》阐述了马克思主义关于文化的若干观点，《自然辩证法》探讨了自然科学发展与文化的关系，《家庭、私有制和国家的起源》分析了家庭、私有制和国家对文化发展的影响。总的来看，马克思、恩格斯对于文化的考察视域不断拓展，对文化的理解不断加深，但人是文化发展的主体始终是贯穿其中的重要主线，这一主线有助于我们更好地理解党内政治文化的发展。

纵观中国共产党的发展历史，党的发展壮大、干事创业、治国理政都离不开广大党员，党员是党内政治文化发展的主体。一方面，党的政治文化要依靠广大党员来践行，通过党员的行为体现党内政治文化的本质，推进党的事业发展。另一方面，要充分发挥广大党员在党内政治文化发展中的积极性、主动性、创造性，将党内政治文化自觉内化为实际行动。

3. 坚决批判抵制各类庸俗腐朽落后的党内政治文化

马克思主义文化理论认为，要推动先进文化的发展，必须坚决与各种庸俗腐朽落后的文化进行斗争。1848 年，马克思、恩格斯在《共产党宣言》中指出："过去的一切运动都是少数人的，或者为少数人谋利益的运动。无产阶级的运动是绝大多数人的，为绝大多数人谋利益的独立的运动。无产阶级，现今社会的最下层，如果不炸毁构成官

---

① 《马克思恩格斯文集》第 1 卷，人民出版社 2009 年版，第 163 页。

方社会的整个上层，就不能抬起头来，挺起胸来。"① 这里说的"官方社会的整个上层"，指的是资产阶级意识形态，其中就包括资产阶级文化。马克思、恩格斯认为，思想的历史"证明精神生产随着物质生产的改造而改造"②，共产主义革命"在自己的发展进程中要同传统的观念实行最彻底的决裂"③。只有彻底地打破"传统的观念"对无产阶级精神世界的束缚，共产主义革命才能够成功。在《共产党宣言》中，马克思、恩格斯对反动的社会主义、保守的或资产阶级的社会主义、批判的空想的社会主义和共产主义等形形色色的社会思潮进行批判，并强调"共产党一分钟也不忽略教育工人尽可能明确地意识到资产阶级和无产阶级的敌对的对立"④。

马克思、恩格斯关于坚决批判抵制各类庸俗腐朽落后的文化的思想对中国共产党党内政治文化发展有重要启示。当前，党内政治文化发展形势整体向好，但庸俗腐朽落后的政治文化在党内依然存在，如个别党员"不信马列信鬼神、信大师"，少部分党员破坏党的组织原则，热衷于山头主义，少部分党员通过打牌、打麻将等方式参加老乡会和校友会等"圈子"，个别领导干部违规吃喝、收受贿赂等。不良政治文化侵蚀党的健康肌体，损害党的光辉形象，削弱党的创造力、凝聚力和战斗力，全党必须高度警惕，采取有力措施，坚决与之斗争。

（二）无产阶级政党自我革命思想为党内政治文化发展指明了方向

以马克思主义为指导的无产阶级政党，从诞生那一天起，就肩负

---

① 《马克思恩格斯文集》第 2 卷，人民出版社 2009 年版，第 42 页。
② 《马克思恩格斯文集》第 2 卷，人民出版社 2009 年版，第 51 页。
③ 《马克思恩格斯文集》第 2 卷，人民出版社 2009 年版，第 52 页。
④ 《马克思恩格斯文集》第 2 卷，人民出版社 2009 年版，第 66 页。

着领导社会革命、解放无产阶级和全人类的崇高使命。要实现这一历史使命，就必须自我革命，敢于直面问题，坚持刀刃向内，勇于修正错误，唯有如此，才能永葆党的先进性和纯洁性，才能始终走在时代前列，永远立于不败之地。回顾国际共产主义运动史，无产阶级政党从创立到发展，总是伴随一次次同党内错误思想的激烈斗争，一次次真刀真枪地解决自身存在的突出问题，不断增强党自我净化、自我完善、自我革新、自我提高能力的历史。作为无产阶级政党的重要创始人，马克思和恩格斯在指导国际共产主义组织和各国无产阶级政党革命过程中，从指导思想、队伍建设、党内组织纪律等方面对无产阶级政党早期发展面临的一系列重大现实问题展开探索，成为无产阶级政党自我革命思想的重要理论之源。这些思想对中国共产党党内政治文化发展具有深远的指导意义。

1. 加强无产阶级政党指导思想建设

在无产阶级政党建设中，科学的指导思想关系党的理论创新、道路选择、革命方式与前途命运。马克思、恩格斯十分重视无产阶级政党指导思想建设，围绕党的纲领的制定、捍卫和发展，马克思主义提出一系列重要论述。

第一，制定正确的政治纲领，统一全党认识。马克思、恩格斯十分重视党的纲领的制定与完善，因为党的纲领"毕竟总是一面公开树立起来的旗帜，而外界就根据它来判断这个党"[①]。只要党的政治纲领正确、旗帜鲜明，就会产生举旗定向、统一认识的作用，就能充分调动党员的行动力与执行力，提升党的社会影响力和号召力。1875年5月，德国社会民主工党（爱森纳赫派）和全德工人联合会（拉萨尔派）合并为德国社会主义工人党，其拟定的政治纲领草案《哥达纲

---

① 《马克思恩格斯文集》第3卷，人民出版社2009年版，第415页。

领》充斥着拉萨尔主义和庸俗民主主义的观点，严重违背无产阶级政党的立场。马克思在世时曾写下《哥达纲领批判》，但并未公开发表。19世纪后期，拉萨尔主义在德国社会民主党内再度泛起，其倡导的公平分配、铁的工资规律和自由国家等观点使部分党员政治立场发生动摇，开始崇尚普选权与和平斗争。面对这种情况，恩格斯于1891年1月公开发表《哥达纲领批判》，并为其撰写序言，对肃清拉萨尔主义在党内的影响起到重要作用。

恩格斯专门列举了完备的无产阶级政党政治纲领必须具备的核心要素。一是党的政治纲领应当简练完整，因为"言简意赅的句子，一经理解，就能牢牢记住，变成口号"①。二是党的政治纲领应该全面、充分地阐明原则性、根本性的重大现实问题。如果回避这些问题，"其结果就是使党在决定性的时刻突然不知所措，使党在具有决定意义的问题上由于从未进行过讨论而认识模糊和意见不一"②。三是党的政治纲领应该克服一切机会主义倾向。"为了眼前暂时的利益而忘记根本大计，只图一时的成就而不顾后果，为了运动的现在而牺牲运动的未来，这种做法可能也是出于'真诚的'动机。但这是机会主义，始终是机会主义。"③

第二，以科学的态度对待马克思主义，消除形式主义和教条主义的消极影响。19世纪后期，欧美多个国家相继成立以工人为主体的社会主义组织，极大地推动了马克思主义在世界范围内的传播，国际共产主义运动进入新的高潮。但恩格斯认为，运动有潜在危机，因为大多数社会主义组织仅仅具有无产阶级政党的"表"，严重缺乏无产阶

① 《马克思恩格斯文集》第4卷，人民出版社2009年版，第407页。
② 《马克思恩格斯文集》第4卷，人民出版社2009年版，第414页。
③ 《马克思恩格斯文集》第4卷，人民出版社2009年版，第414页。

级政党的"里"。这种"表里不一"有两个突出表现：一是以形式主义的态度对待马克思主义。19世纪90年代末，以《柏林人民论坛报》编辑保尔·恩斯特为代表的一批青年文学家、年轻资产者和大学生涌入德国社会民主党内，形成"左"倾机会主义派别"青年派"。"青年派"以马克思主义的信仰者和追随者自居，但将马克思主义看作时尚与流行，并未掌握其真正的观点和方法。理论层面，"青年派"将马克思主义视为形式与口号，以激进主义者的面目示人，对党的理论基础、组织路线和斗争策略大肆批评，反对稳扎稳打，崇尚盲动主义，认为革命就是要顷刻"拿下障碍物"。二是以普列汉诺夫为代表的部分俄国革命者将马克思主义教条化，作决策时从定义和公式出发，没有充分考虑俄国社会现实状况，认为革命可以人为制造，对小资产阶级社会主义者进行革命持否定态度。

恩格斯对以上两种表现进行严厉批评："他们大部分连自己也不懂得这种理论，而用学理主义和教条主义的态度去对待它，认为只要把它背得烂熟，就足以满足一切需要。"[1] 从本质上分析，马克思主义"是从历史事实和发展过程中得出的确切结论；不结合这些事实和过程去加以阐明，就没有任何理论价值和实际价值"[2]。这就是说，对马克思主义的学习和领悟不能流于形式、浮于表面，从具体的社会实践过程中加以理解，才是对待马克思主义的科学态度。

第三，捍卫马克思主义的真理性，与各类非马克思主义思想进行斗争。马克思主义是关于全世界无产阶级与全人类解放的科学理论，其创立与发展的过程也是马克思、恩格斯与形形色色的非马克思主义思想进行斗争，捍卫真理的光辉历程。1836年，流亡者同盟左翼成员

---

① 《马克思恩格斯文集》第10卷，人民出版社2009年版，第557页。
② 《马克思恩格斯文集》第10卷，人民出版社2009年版，第548页。

在巴黎创立秘密革命组织"正义者同盟",并逐步发展壮大为国际性的工人运动组织。1847年1月,同盟代表约瑟夫·莫尔邀请恩格斯和马克思参加同盟并指导其改组。在此之后,为驳斥布朗基主义、魏特琳空想社会主义与"真正社会主义"等错误思潮的观点并祛除其影响,恩格斯在《共产主义信条草案》《共产主义原理》中对无产者的定义和产生条件、无产者与其他社会阶层的区别、无产阶级的定义及其产生、无产阶级革命与废除私有制、共产主义社会制度的建立及其影响等同盟成员关心的问题逐一进行论述,为同盟顺利改组为共产主义者同盟奠定基础。

19世纪70年代,卡尔·欧根·杜林相继出版《国民经济学和社会主义批判史》《哲学教程———严格科学的世界观和生命形成》等著作,对马克思主义发起攻击,宣称要在哲学、政治经济学和社会主义学说中实现全面变革。杜林的理论迅速传播,奥·倍倍尔、约翰·莫斯特、威廉·弗里茨舍、爱德华·伯恩施坦等人都对其深信不疑。1876年5月到1878年7月,恩格斯完成《反杜林论》的写作,这部论战性著作对杜林在科学分类上的经验主义观点、物质存在形式上的形而上学观点、庸俗经济学和唯心主义暴力论进行批判,全面阐述了马克思主义的基本内容。马克思逝世后,德国社会民主党内的机会主义者对马克思主义进行曲解和否定,试图篡改马克思主义。晚年的恩格斯仍始终坚守马克思主义的正统性与真理性,指出对马克思主义进行曲解和否定的这种行为是为资产阶级服务的,其本质在于按照资产阶级的需求对马克思主义进行"改造",机会主义者的本来面目就是存在于工人阶级队伍中的资产阶级的利益代言人。

马克思、恩格斯关于加强无产阶级政党指导思想建设的重要论述对中国共产党党内政治文化发展具有重要借鉴意义。马克思主义是无产阶级政党的指导思想,中国共产党百年奋斗历程充分展示了马克思主义的强大生命力，马克思主义的科学性和真理性在中国得到充分检验，马克思主义的人民性和实践性在中国得到充分贯彻，马克思主义的开放性和时代性在中国得到充分彰显。习近平新时代中国特色社会主义思想是当代中国马克思主义、二十一世纪马克思主义，是中华文化和中国精神的时代精华，实现了马克思主义中国化新的飞跃。新时代发展积极健康的党内政治文化，要以习近平新时代中国特色社会主义思想为根本遵循，坚持不懈加强理论武装，通过理论创新开创管党治党新局面。

2. 加强无产阶级政党队伍建设

无产阶级政党是以科学理论、严密组织形式、严格组织原则和先进党员干部队伍组成的先进组织，组织化是无产阶级政党的力量所在、优势所在。马克思、恩格斯十分重视无产阶级政党队伍建设，提出无产阶级政党应该密切联系群众、形成优良作风。

第一，密切联系群众，不做"沙漠中的布道者"。"沙漠中的布道者"是恩格斯在《马克思和〈新莱茵报〉（1848—1849 年）》中对空想社会主义者的比喻。《新莱茵报》是宣传无产阶级政党革命主张的阵地，不做"沙漠中的布道者"指的是该报坚持正确的办报方针和策略，"这样有威力和有影响，这样善于鼓舞无产阶级群众"①，最大限度地扩大自己的影响力，最大化地传播无产阶级政党价值观。更进一步分析，不做"沙漠中的布道者"是恩格斯对无产阶级政党的要求。沙漠中人迹罕至，在那里"布道"缺乏受众，不可能成功。无产阶级运动是为绝大多数人谋利益的运动，作为运动的领导者，无产阶级政党必须密切联系群众，如果脱离群众，运动就会沦为不切实际的空想。

恩格斯提出无产阶级政党密切联系群众的方式方法：一是反对个

---

① 《马克思恩格斯文集》第 4 卷，人民出版社 2009 年版，第 12 页。

人崇拜和个人特权，党的领导不能脱离普通党员、疏远群众、高高在上。1893 年，恩格斯到欧洲旅行，所到之处皆盛情款待，但他却指出："他们都是出于好意，但是完全不合我的口胃；好在这一切都已过去，下一次我要求有个书面协定，保证我不必在大庭广众之前露面，只作为个人因私事出来旅行。"① 恩格斯所反对的绝不仅仅是针对他和马克思的个人崇拜，而是党内任何形式、对任何人的个人崇拜。德国社会主义工人党机关报《社会民主党人报》自 1879 年在苏黎世出版以来，经常对拉萨尔大肆吹捧，将其奉为神明。恩格斯对此提出批评："掩饰拉萨尔的真实面目并把他捧上天的那种神话，决不能成为党的信条。"② 二是充分调动无产阶级群众的积极性、主动性和创造性。恩格斯认为，阶级斗争的条件已经发生较大变化，依靠少数人搞突然袭击取得胜利的时代已经过去了。作为无产阶级运动的绝大多数，群众需要自主地参加到斗争中，并且"一定要弄明白这为的是什么，他们为争取什么而去流血牺牲"③。三是及时制止并纠正脱离群众的行为。马克思、恩格斯曾批评北美社会主义工人党"徒有虚名"。因为该党大多数成员为德国移民，与美国本地工人联系不多，并未深入到美国无产阶级中开展工作。他们认为，该党"必须完全脱下它的外国服装，必须成为彻底美国化的党。它不能期待美国人向自己靠拢"④。

第二，形成优良作风，保持政党本色。无产阶级政党的本色体现在两个方面：实践方面最坚决，始终起推动作用，理论方面了解无产阶级运动的条件、进程和一般结果。保持政党本色并非易事，政党内

---

① 《马克思恩格斯全集》第 39 卷，人民出版社 1974 年版，第 129 页。
② 《马克思恩格斯文集》第 10 卷，人民出版社 2009 年版，第 603 页。
③ 《马克思恩格斯文集》第 4 卷，人民出版社 2009 年版，第 549 页。
④ 《马克思恩格斯文集》第 4 卷，人民出版社 2009 年版，第 323 页。

部作风不纯会导致政党本色逐渐退化，甚至黯淡无光。无产阶级政党需要狠抓作风建设，通过优良作风解决党内顽瘴痼疾，彰显政党本色。

马克思、恩格斯认为，无产阶级政党至少应该具备以下三种作风：一是自我批评、勇于承认错误的作风。1848 年，欧洲多国相继爆发武装革命，马克思与恩格斯曾乐观地预测革命高潮将很快到来。时隔 47 年，恩格斯在写作《卡·马克思〈1848 年至 1850 年的法兰西阶级斗争〉一书导言》时回忆道："历史表明我们也曾经错了，暴露出我们当时的看法只是一个幻想。历史走得更远：它不仅打破了我们当时的错误看法，并且还完全改变了无产阶级进行斗争的条件。"① 二是善于学习、弥补不足的作风。在当时的德国社会民主党内，不少人投机取巧地将唯物主义当作标签胡乱贴在各类事物上，不愿意下一番苦功去研究经济学、社会形态发展等现实问题。马克思、恩格斯指出，无产阶级政党需要的绝不是响亮的词句，而是扎实的知识，并提出党的领导干部仅仅具有写作才能和理论知识不能满足要求，还需要认真学习并掌握党的斗争条件。三是敢于斗争、维护党的利益的作风。随着无产阶级政党不断发展壮大，党员成分逐渐多元化，一批官僚政客、机会主义者和小资产阶级趁机混进党内，各种歪风邪气侵蚀着党的肌体。1879 年 5 月，德国社会民主党议员凯泽尔为政府保护关税法案发表辩护演说，马克思和恩格斯认为这一行为有利于大工业家和大地主而损害人民群众利益，严厉谴责社会民主党对凯泽尔种种行为的纵容态度。同年 8 月，恩格斯在致马克思的信中提及此事，认为"一个政党宁愿容忍任何一个蠢货在党内肆意地作威作福，而不敢公开拒绝承认他，这样的党是没有前途的"②。在 1890 年 12 月致列奥·弗兰克尔的信中，

---

① 《马克思恩格斯文集》第 4 卷，人民出版社 2009 年版，第 538 页。

② 《马克思恩格斯全集》第 34 卷，人民出版社 1972 年版，第 90 页。

恩格斯指出，必须和一切损害党的利益的行为斗争，绝不能妥协。

马克思、恩格斯关于加强无产阶级政党队伍建设的重要论述对中国共产党党内政治文化发展具有重要启示。中国共产党要始终成为时代先锋、民族脊梁，党员队伍必须过硬。我们要不断弘扬共产党人价值观，以党内政治文化推动党员队伍建设，不断巩固党的执政基础、阶级基础和群众基础。

3. 加强无产阶级政党组织建设和纪律建设

与资产阶级政党不同，无产阶级政党始终为实现共产主义而奋斗。崇高的理想目标一方面彰显了无产阶级政党的先进性，另一方面也对无产阶级政党的组织建设和纪律建设提出更高的要求。马克思、恩格斯认为，坚持民主集中、严肃党内监督、严格纪律执行，是无产阶级政党加强组织建设和纪律建设的有效途径。

第一，坚持民主集中，凝聚力量意志。党内民主是无产阶级政党必备的重要属性，也是其组织力量得以有效发挥的重要保证。恩格斯早在 1845 年就提出民主是无产阶级的原则，在评价共产主义者同盟时，恩格斯再次强调民主对于组织发展的重要性。在强调民主的同时，恩格斯认为同样不能忽视集中。民主是确保无产阶级力量凝聚、避免一盘散沙的关键环节，集中是确保无产阶级政党统一领导、避免"命令梗阻"的重要手段。马克思、恩格斯创造性地将民主与集中相结合，并在理论与实践层面进行了初步探索，为民主集中制这一无产阶级政党的组织原则的确立提供了理论储备。

在对民主与集中进行阐述时，马克思、恩格斯提出以下几点：一是实行选举制，党的组织成员平等享有选举权和被选举权。这是马克思、恩格斯洞悉资产阶级普选制种种弊端后提出的伟大设想。在他们看来，普选制下金钱成为选举的重要砝码，"领导人物中间几乎没有一个人是可以信赖的……他们丝毫不具备担任这一职务的卓越才能，而两大资产阶级政党手里早已准备好钱包，看看谁能收买"①。二是党在民主与集中过程中的组织纪律是"少数必须服从多数"。无产阶级政党充分尊重大多数成员的意见，个人决不能凌驾于组织之上，少数人的想法绝不能代替多数人的观点。三是无产阶级政党既要民主也要集中。值得注意的是，马克思和恩格斯在其著作中并未过多阐述民主与集中的关系，二者是作为不同语境下的不同制度形式出现的，这与现阶段的民主集中制有一定差别。从无产阶级政党自我革命的视角出发，马克思、恩格斯所说的民主，指的是通过这一形式避免党内宗派主义将小团体的利益置于组织整体利益之上，一家独大、独断专行，避免非科学化决策将党引向歧途。而集中更多的是强调当党内意见不一致、难以达成共识时，或党处于危急关头需要果断决断改变方针策略时，需要党的集中领导发挥作用。民主与集中并不抵触也不冲突，而是常态与紧急状态下党的不同的领导制度与决策制度。二者手段虽有差异，但目的都是凝聚党的力量意志，更好地发挥党的战斗力。

第二，严肃党内监督，规范党员行为。恩格斯在 1891 年 3 月为《法兰西内战》撰写导言时指出，国家和国家机关的角色有可能"由社会公仆变为社会主人"，至今所有国家都不能避免这一现象。据此分析，无产阶级政党是否会腐化变质、丧失原有的阶级属性，应该如何避免这类现象，是无产阶级政党组织纪律建设过程中需要思考的现实问题。当时欧洲的一部分无产阶级政党是由原有的旧协会、社会组织、资产阶级政党合并、改组而来。这些政党虽具有一定的无产阶级属性，但思想观念尚未完全转变，开展革命活动滞后，不能有效融入更高一级的党组织，与人民群众也有一定的距离。马克思、恩格斯认为，严明的政党纪律是解决上述问题的重要措施，但在纪律执行过程

---

① 《马克思恩格斯全集》第 39 卷，人民出版社 1974 年版，第 343 页。

中，党内监督同样必不可少。就本质而言，党内监督是政党纪律执行的有机组成部分；就功能而言，党内监督属于政党执行纪律的手段之一。

为严肃党内监督，马克思、恩格斯提出以下观点：一是在监督过程中，党内所有成员地位平等，党员既是监督主体，同时也是被监督对象。在 1891 年 4 月致拉法格的信中，恩格斯提出："任何一个身居高位的人，都无权要求别人对自己采取与众不同的温顺态度。"① 二是在地位平等的基础上，提倡党内理性争论。争论的目的有两个：一方面坦诚地表达看法，另一方面统一思想、提高认识。马克思、恩格斯认为，随着工人运动不断发展，无产阶级政党不断发展壮大，在党内自由地交换意见是必要的，否则不可能说服新加入的相当数量的党员。三是在平等监督与理性争论的前提下开展党内自由批评。在马克思、恩格斯无产阶级政党自我革命思想体系中，"批评"始终占有重要地位。在 1889 年 12 月致特里尔的信中，恩格斯强调工人运动的基础是最尖锐地批评现存社会，批评是工人运动的要素，党内一切违规违纪行为都应该受到批评，以此形成强大约束力，进一步规范党员的行为。

第三，严格纪律执行，避免自由散漫。恩格斯于 1861 年 4 月 20日在英国《郎卡郡和柴郡志愿兵杂志》上撰文指出军队纪律执行的重要性，认为志愿兵对规定方式的任何违反，都必然会使秩序受到一些破坏。军队纪律与无产阶级政党纪律有一定差别，但在革命中，无产阶级政党是冲锋陷阵的先锋队和广大工人的领导者，担负的职责与军队在战争中的职责类似。因此，马克思、恩格斯在领导无产阶级政党组建与指导其开展斗争的过程中，极其重视政党纪律的执行。

随着国际工人运动不断发展，欧美各国无产阶级政党规模相继壮

---

① 《马克思恩格斯全集》第 38 卷，人民出版社 1972 年版，第 72–73 页。

大，党员人数不断增多，党内各种错误思想也逐渐滋长。这些错误思想严重妨碍党的行动，党纪执行力度大打折扣。如《共产主义者同盟章程》规定，支部、区部委员会以及中央委员会至少每两周开会一次，但实际上会议经常无故延期；该章程还规定，盟员至少每三个月同所属区部委员会联系一次，支部每月联系一次，但实际上"过去在国外侨居的同盟盟员，有四分之三回国后就改变了自己的住址。他们以前的支部因此大部分都解散了，他们和同盟的联系完全断绝。他们中间有一部分比较爱出风头的人，甚至不想恢复这种联系，而各行其是，开始在自己所在的地方开展小小的分散的运动"①。为严格执行党的纪律，马克思、恩格斯提出如下要求：一是严格遵守党的纪律。遵守纪律是无产阶级政党凝聚力量与开展斗争的重要保障，"没有任何党的纪律，没有任何力量在一点的集中，没有任何斗争的武器"②。二是坚决维护党的纪律，反对任何形式的违规违纪行为。共同的原则应当矢志不渝地遵守，不允许破坏党的章程。

马克思、恩格斯关于加强无产阶级政党组织建设和纪律建设的重要论述对中国共产党党内政治文化发展具有重要借鉴价值。党的十八大以来，以习近平同志为核心的党中央全面分析管党治党面临的新形势和新任务，创造性地提出"党的自我革命"这一重大论断，把全面从严治党作为自我革命的伟大实践和根本途径，把加强组织建设和纪律建设作为自我革命的重要保障。发展积极健康的党内政治文化，有助于纠治党内不正之风，涵养良好政治生态，推动组织建设与纪律建设走深走实。

---

① 《马克思恩格斯文集》第 4 卷，人民出版社 2009 年版，第 239-240 页。
② 《马克思恩格斯全集》第 17 卷，人民出版社 1963 年版，第 519 页。

（三）中华优秀传统文化为党内政治文化发展提供了有益借鉴

文化是民族的根和魂，为民族发展提供不竭精神动力。习近平指出："中国优秀传统文化的丰富哲学思想、人文精神、教化思想、道德理念等，可以为人们认识和改造世界提供有益启迪，可以为治国理政提供有益启示，也可以为道德建设提供有益启发。"[①] 中华民族在发展历程中创造了内涵丰富、博大精深的优秀传统文化，为新时代中国共产党党内政治文化发展提供了丰富的思想资源和有益启示。

1. 民本思想

"民本"一词最早出自《尚书·夏书·五子之歌》中的"皇祖有训：民可近，不可下。民为邦本，本固邦宁"[②]。这句话的意思是祖先留下了训诫，告诫后人：人民是国家的根本，应当亲近人民而不能轻视他们；只有根基牢固，国家才能安定。这里"民可近"指的是应该与人民保持紧密联系，关注人民的生活和需求；"不可下"是指不能忽视或贬低人民的地位。"民为邦本"强调了人民在国家中的基础性地位，"本固邦宁"则是说国家的稳定和安宁建立在人民安定的基础之上。

中华优秀传统文化十分重视人的主体地位。如《易传·系辞下》中将人与天、地并列，合称"三才"，"有天道焉，有人道焉，有地道焉。兼三才而两之，故六。六者非它也，三才之道也"[③]。孔子提出

---

① 习近平：《在纪念孔子诞辰 2565 周年国际学术研讨会暨国际儒学联合会第五届会员大会开幕会上的讲话》，《人民日报》2014 年 9 月 25 日。

② 《尚书·夏书·五子之歌》。

③ 《易传·系辞下》。

"未能事人，焉能事鬼"①，孟子提出"人之异于禽兽者几希"②，贾谊提出"夫民者，万世之本也"③，都是对人的主体地位的强调。此外，中国古代有"民贵君轻"的说法，如孟子提出"民为贵，社稷次之，君为轻"④，刘昼提出"鱼无水，则不可以生；人失足，必不可以步；国失民，亦不可以治"⑤，都不同程度地强调人民在国家发展中的重要性。

值得注意的是，中国古代的民本思想是在封建社会背景下提出的，从某种程度上来说，是为维护封建统治而进行的政治背书，与中国共产党倡导的人民至上有较大差别。但"人民"从始至终都是中华民族发展史上的核心概念，民本思想与人民至上在政治理念和文化传承方面有诸多相似之处，在党内政治文化发展中对调动党员积极性、维护党员正当利益等方面有重要借鉴意义。

2. 德治思想

中国古代的德治思想源远流长，最早可追溯到夏周时期的"以德配天""敬民保民"等主张，春秋时期，德治思想进一步发展。总的来看，德治思想强调通过发挥道德的内在约束力教化人民、治理国家、稳定社会，这一思想将道德与政治紧密结合，使道德成为政治信条。

以孔子、孟子为代表的儒家学派是德治思想的集大成者。如孔子提出"为政以德，譬如北辰，居其所而众星共之"⑥，意为如果一个统治者或领导者以德行来治理国家或组织，他就会像北极星一样，处于

---

① 《论语·先进》。

② 《孟子·离娄下》。

③ 《新书·大政》。

④ 《孟子·尽心下》。

⑤ 《刘子·贵农》。

⑥ 《论语·为政》。

一个固定且中心的位置，其他所有的星星（比喻人民或下属）都会围绕着他，自然而然地向他靠拢和归顺。这里的"北辰"指的是北极星，中国古代认为北极星是天空的中心，其他星辰围绕其运转。孔子通过这个比喻强调了德治的重要性，认为道德的力量能够赢得人心，使人民自然而然地团结在有德之君的周围。孟子继承并发展了孔子的德治思想，形成了相对完整的德治思想体系。如"得天下有道，得其民，斯得天下矣；得其民有道，得其心，斯得民矣；得其心有道，所欲与之聚之，所恶勿施，尔也"①，"圣人之行不同也，或远或近，或去或不去，归洁其身而已矣"②，都是孟子德治思想的重要体现。

中国古代的德治思想与中国共产党治国理政中的德治理念有一定的共通之处，如二者都强调道德在国家治理中的重要性，都认为领导者应该以身作则。但古代的德治思想过分夸大道德在国家治理中的作用，缺乏对法治、人治的深入思考，这对于现代德治思想而言在实践范畴有较大局限。尽管如此，古代德治思想中领导者要注重自身道德修养的理念仍然对党内政治文化发展有一定启示。

3. 法治思想

从古至今，法治都是国家治理的重要手段。中国古代"量刑""行刑""赏罚分明""法不阿贵""王子犯法与民同罪"等用语都是法治思想的重要体现。法家是法治思想的集大成者，其代表性人物管子、韩非子提出了完整的法治思想体系。

一方面，法家强调法治在国家治理中的作用。如管子提出"法者，天下之程式也，万事之仪表也"③，"故法者，天下之至道也，圣

---

① 《孟子·离娄上》。
② 《孟子·万章上》。
③ 《管子·明法解》。

君之实用也"①，"故明主之治也，当于法者赏之，违于法者诛之。故以法诛罪，则民就死而不怨"②，"明主者，有法度之制，故群臣皆出于方正之治而不敢为奸。百姓知主之从事于法也，故吏所使者，有法则民从之，无法则止，民以法与吏相距，下以法与上从事"③，均不同程度地强调通过法律约束官员、固本安民。

另一方面，法家的法治思想一定程度上弥补了儒家德治思想强制性手段缺失的局限。如韩非子提出"今欲以先王之政，治当世之民，皆守株之类也"④，意为如果用之前君王治理国家的方法来治理现在的人民，这种行为就像守株待兔，是不现实的。韩非子认为，那些拘泥于传统、不知变通的治国方式是行不通的，要根据国家发展变化来制定和实施法律。此外，管子提出"故以法诛罪，则民就死而不怨；以法量功，则民受赏而无德也"⑤，意为如果根据法律来惩罚犯罪，那么人民即使被处死也不会有怨恨；如果根据法律来衡量功绩，那么人民即使受到奖赏也不会觉得有什么需要感谢，再次强调法治的群体意志和规范作用。

总的来看，中国古代法治思想影响深远，但存在重刑轻民、将法治与德治相分离、过分夸大法治的工具性等局限，但法治思想对公平正义的追求、对惩治犯罪的坚决态度，能够为以党内法规建设推动党内政治文化发展、党内政治文化发展制度化注入历史基因。

4. 选贤任能思想

人才是国家治理的重要抓手。中国古代"德才兼备""知人善任"

---

① 《管子·任法》。

② 《管子·明法解》。

③ 《管子·明法解》。

④ 《韩非子·五蠹》。

⑤ 《管子·明法解》。

"不拘一格""广开言路""用人不疑"等用语无不体现出人才的重要性。中国古代选贤任能思想类别众多，大致可以分为选人、用人两个类别。

在选人方面，中国古代强调重视人才。如孔子提出"举贤说"。根据《论语·子路》记载："仲弓为季氏宰，问政。子曰：'先有司，赦小过，举贤才。'曰：'焉知贤才而举之？'曰：'举尔所知。尔所不知，人其舍诸？'"① 这句话的意思是，仲弓（孔子的弟子冉雍）担任季氏的家宰时，向孔子请教如何治理政事。孔子告诉他，应该首先责成手下负责具体事务的官吏，让他们各负其责；其次，要赦免他们的小过错；最后，要选拔贤才来任职。仲弓又问如何识别贤才并提拔他们。孔子回答说，提拔你所知道的贤才，至于你不知道的贤才，别人难道还会埋没他们吗？这句话体现了孔子关于用人之道的见解，即在选拔人才时，应以德才兼备为标准，同时要给予机会，让真正有才能的人得以施展。根据《论语·为政》记载："哀公问曰：'何为则民服？'孔子对曰：'举直错诸枉，则民服；举枉错诸直，则民不服。'"② 这里所说"直"即贤才，而"枉"则为邪佞小人。进贤退佞，人民拥戴；进佞退贤，人民反对。

在用人方面，中国古代强调知人善用。如孟子提出"天下有达尊三：爵一、齿一、德一。朝廷莫如爵，乡党莫如齿，辅世长民莫如德"③。这里所说的"爵"指尊贵，"齿"指敬长，"德"指尊贤。三者并列，而有德者则可以辅世长民、治国安邦。这样更突出了尚贤的地位。春秋战国时代，人才是国家强盛的关键。孟子还提出"仁则

---

① 《论语·子路》。

② 《论语·为政》。

③ 《孟子·公孙丑下》。

荣，不仁则辱；今恶辱而居不仁，是犹恶湿而居下也。如恶之，莫如贵德而尊士，贤者在位，能者在职；国家闲暇，及是时，明其政刑，虽大国，必畏之矣"①，意为国家行仁义则强盛，不行仁义则卑辱，而要行仁义则必须贵德尊贤，使贤才在位，则政治清明，国家强盛，而敌国虽大亦不敢觊觎。

总的来看，中国古代选贤任能思想内容丰富，除儒家外，《六韬·举贤》《史记·高祖本纪》《宋史·范仲淹传》等著作对这一思想也有诸多记载。虽然时代背景和实践条件不断变化，但古代选贤任能对党内政治文化中"德才兼备、以德为先"的人才观和德能勤绩廉的多元化干部考核方式仍有重要参考价值。

5. 修身律己思想

修身律己强调通过个人自我修养与自我约束提升道德品质和精神境界。中国古代高度重视修身律己，如"格物、致知、诚意、正心、修身、齐家、治国、平天下"②，明确指出了从个人修养到家庭和睦、国家治理乃至天下太平的递进关系。在古人看来，修身不仅是为了提升道德修养，更是为了家庭和国家，乃至是关系全社会进步发展的重要举措。

一方面，中国古代高度重视修身。这里"修身"指的是通过学习和实践来提升个人的道德品质和行为规范，使自己的言行符合统治者的道德标准。如《礼记》记载"自天子以至于庶人，一是皆以修身为本"③，意为无论是国家的最高统治者（天子），还是普通的平民百姓（庶人），所有人在修身养性上都应该以自我修养为基础。根据孟子的

---

① 《孟子·公孙丑上》。
② 《礼记·大学》。
③ 《礼记·大学》。

观点，修身是古代安身立命的重要方法。如"夭寿不二，修身以俟之，所以立命也"①，"不得志，修身见于世"②，"富贵不能淫，贫贱不能移，威武不能屈"③，"穷则独善其身，达则兼善天下"④，无不体现出孟子对修身的重视。此外，中国古代认为，修身是治理国家的基础。《礼记》中有大量关于修身的记载，如"身修而后家齐，家齐而后国治，国治而后天下平"⑤，"凡为天下国家有九经，曰：修身也，尊贤也，亲亲也，敬大臣也，体群臣也，子庶民也，来百工也，柔远人也，怀诸侯也"⑥。

另一方面，中国古代高度重视律己。这里"律己"指的是君子不论说话做事都需要谨慎小心。中国古代强调律己以正人，即通过自我约束和自我修养来证明自己的品德和行为是正直和可靠的。换句话说，通过自律来展示个人的道德品质，成为一个值得别人信赖和尊敬的人。

如《论语》记载，"政者，正也。子帅以正，孰敢不正"⑦，"其身正，不令而行；其身不正，虽令不从"⑧，就是这一思想的体现。

总的来看，中国古代修身律己思想主要源于儒家文化，强调"修己以安人""修己以安百姓""自律""慎独"等，即通过个人的道德修养来影响和带动社会和谐与国家治理，有一定的现实合理性，但也存在理想化的想象。党内政治文化要对古代的修身律己思想进行重新

---

① 《孟子·尽心上》。

② 《孟子·尽心上》。

③ 《孟子·滕文公上》。

④ 《孟子·尽心上》。

⑤ 《礼记·大学》。

⑥ 《礼记·中庸》。

⑦ 《论语·颜渊》。

⑧ 《论语·子路》。

阐释，实现意义再生产，在保留自我修养和自我提升等关键要素的同时加入对党纪党规的敬畏等内容。

三、新时代发展积极健康的党内政治文化的重大意义

党内政治文化是中国共产党价值观的集中凝练和通俗表达，在管党治党过程中发挥着不可替代的重要作用。党的二十大报告对坚定不移推进全面从严治党、深入推进新时代党的建设新的伟大工程作出详细部署。落实这一重大任务，需要充分发挥党内政治文化的独特功能，以文化的力量推动党的建设从治标转向治本，从"排污"转向"清源"，不断净化党内政治生态。总的来看，新时代发展积极健康的党内政治文化，是建设长期执政的马克思主义政党的必然要求，是全面建成社会主义现代化强国的内在保障。

（一）建设长期执政的马克思主义政党的必然要求

建设长期执政的马克思主义政党，必须始终牢记中国共产党是什么、要干什么这个根本问题。中国共产党党内政治文化是党的性质宗旨、理想信念、初心使命、奋斗目标的生动反映，党内政治文化健康发展，有助于永葆党的先进性和纯洁性，推动全面从严治党向纵深发展，从而维护党的长期执政地位。

1. 永葆党的先进性和纯洁性

先进性与纯洁性是马克思主义政党的本质规定，是中国共产党区别于其他政党的显著标志。先进性指的是马克思主义政党在思想、政治、组织、作风、制度等方面始终走在时代前列，始终代表最广大人民的根本利益，始终引领社会发展方向。纯洁性指的是马克思主义政

党始终保持思想纯洁、队伍纯洁、作风纯洁、清正廉洁，始终自觉抵制各种歪风邪气的腐蚀与腐化，始终不变质、不变色、不变味。就先进性与纯洁性的关系而言，党的纯洁性是先进性的基础，先进性是纯洁性的保障，二者相辅相成，有机统一于党的建设之中。

马克思主义政党的先进性与纯洁性不是静止的，而是动态的。苏共亡党亡国的重要教训警示我们，马克思主义政党的自身建设不仅关系党的兴衰存亡，还关系国家的前途和人民的命运；党在思想上不清醒、理论上不正确、政治上不坚定，就会将党引入歧途，使国家走上邪路；必须高度重视意识形态工作，时刻警惕、抵制、回应各类非马克思主义、反马克思主义思潮，时刻保持党的先进性和纯洁性。新时代新征程，中国共产党承担着以中国式现代化全面推进中华民族伟大复兴的崇高使命，这一使命要求党时刻保持党的建设永远在路上的精神风貌，不断进行自我革命，与一切弱化党的先进性与纯洁性的行为作斗争。

作为加强党的政治建设的重要组成部分，党内政治文化在永葆党的先进性与纯洁性方面发挥着独特价值。一方面，党内政治文化为永葆党的先进性与纯洁性提供文化基础。文化的作用不是显性的，而是隐性的，在价值观塑造、身份认同构建、传承记忆、规范行为、丰富精神生活和提供政治导向等方面潜移默化地发挥着价值。积极健康的党内政治文化能够引导党员干部更好地坚守马克思主义政治信仰，弘扬共产党人价值观，提高自身党性修养，形成良好的党内风气，涵养党内政治生态。另一方面，积极健康的党内政治文化始终站在庸俗腐朽的党内政治文化的对立面，始终与党内不良风气进行斗争，有效遏制歪风邪气的产生。当前，党的建设特别是管党治党过程中面临的一系列突出问题，背后都有庸俗腐朽的党内政治文化的影子。在党内政治生活中，个别党员干部求神拜佛、搞封建迷信；党性意识淡薄，不想着为人民做好事、干实事，一心只想升官发财；对党组织不忠诚、不老实，阳奉阴违，搞当面一套、背后一套；掌握权力后独断专行、拉帮结派、任人唯亲等。只有及时清除党内不良风气，坚决铲除庸俗腐朽的文化存在的土壤，才能规范党内政治生活、涵养党内政治生态，才能更好地维护党的先进性与纯洁性。

2. 推动全面从严治党向纵深发展

办好中国的事情，关键在党。党的十八大以来，习近平在多个场合反复强调，管党治党不仅关系党的前途命运，而且关系国家和民族的前途命运。回顾党的历史，全面从严治党是中国共产党行稳致远的重要法宝，是党从小到大、从胜利不断走向新的胜利的根本保证。中国共产党的初心和使命，就是为中国人民谋幸福、为中华民族谋复兴，这是激励一代又一代中国共产党人前赴后继、接续奋斗的重要动力。然而初心易得，始终难守，打铁还需自身硬。初心不会自然保质保鲜，稍不注意就可能蒙尘褪色，久不滋养就会干涸枯萎，很容易走着走着就忘记了为什么要出发、要到哪里去，很容易走散了、走丢了。在长期执政并取得伟大成就的条件下，容易出现承平日久、精神懈怠的情况，执政党有可能逐渐丧失斗志和锐气，躺在功劳簿上贪图享乐、不思进取。这是世界上一些长期执政的大党、老党，尤其是马克思主义执政党最终丧失执政地位，甚至出现人亡政息惨痛局面带给我们的深刻启示，也是党一再要求全体党员始终保持初心如磐、使命在肩的重要原因。无数事实告诉我们，先进纯洁的马克思主义执政党不是从来就有的，而是在长期管党治党实践中淬炼而成的。党的十八大以来，中国共产党管党治党取得一系列突出成就，但"四风"隐形变异，形式主义、官僚主义、特权主义在一定范围内仍然存在，部分党员干部乱作为、不作为、慢作为等情况时有发生。纠治上述问题既需要发挥制度的强制约束力，也需要发挥党内政治文化的浸润作用。

新时代推动全面从严治党向纵深发展，需要标本兼治。在治标方面需要重典治乱、猛药去疴，在治本方面需要正本清源、涵养文化。发展积极健康的党内政治文化是强基固本的有效措施。一方面，积极健康的党内政治文化能够涵养风清气正的党内政治生态。通过党内政治文化发展，引导党员干部做到忠诚、干净、担当，始终对党忠诚老实、与党中央保持高度一致，始终清正廉洁、自觉与贪污腐败划清界限，始终勇于担责、直面困难和挑战。另一方面，积极健康的党内政治文化能够规范党内政治生活。党的十八大以来，党内政治生活总体严肃、规范、有序，但"好人主义"在个别干部身上仍然存在，缺乏批评与自我批评，而是采取"你好、我好、大家好"的庸俗做法，严重削弱党内政治生活的严肃性和战斗性。党内政治文化能够增强党内政治生活的政治性、时代性、原则性和战斗性，为推动全面从严治党向纵深发展注入强大动力。

（二）全面建成社会主义现代化强国的内在保障

党的二十大报告对全面建成社会主义现代化强国作出战略部署，将"坚持和加强党的全面领导"列为前进道路上必须牢牢把握的重大原则。党内政治文化作为党的先进性和纯洁性的集中体现，是坚持和加强党的全面领导的重要保障。

1. 党内政治文化为全面建成社会主义现代化强国提供思想保障

党的二十大将"全面建成社会主义现代化强国"明确为新时代新征程中国共产党的重要使命任务，对全面建成社会主义现代化强国的时间规划、关键节点、战略步骤和基本方略作出明确部署。中国特色社会主义文化是中国特色社会主义建设"五位一体"总体布局的重要组成部分，为全面建成社会主义现代化强国提供精神动力和智力支持。中国共产党党内政治文化是中国特色社会主义文化的重要组成部分，能够为全面建成社会主义现代化强国提供思想保障。

就属性而言，党内政治文化从属于中国特色社会主义文化范畴，是新时代铸就社会主义文化新辉煌、建设社会主义文化强国的重要组成部分。新时代铸就社会主义文化新辉煌是提高我国文化软实力、增强我国综合国力、推进中国式现代化的内在要求。铸就社会主义文化新辉煌作为全面建成社会主义现代化强国和实现中华民族伟大复兴的题中之义，既是中华民族从站起来、富起来到强起来的重要标志，也是推进中国特色社会主义文化建设的价值追求和实践方向。

党内政治文化能够为中国特色社会主义文化发展注入强劲动力，厚植全面建成社会主义现代化强国的文化基础。在全面建成社会主义现代化强国征程中，党内政治文化能够丰富中国特色社会主义文化的内容，为中国特色社会主义文化发展注入政党基因，有效衔接文化发展、政党发展与国家发展，使三者步调一致、共同发展。

就功能而言，党内政治文化潜移默化地影响着党风、政风和社会风气，既能够成为党员干部坚定政治立场、找准政治方向、铸牢政治信仰的关键抓手，又能够引导全社会成员坚定中国特色社会主义共同理想，同心协力为全面建成社会主义现代化强国而奋斗。中国共产党的先进性和纯洁性决定了党内政治文化的特性，赋予党内政治文化在社会生活中的价值引领、民心凝聚和力量汇聚功能。一是党内政治文化能够提升人民群众对中国特色社会主义文化的认同。党内政治文化以马克思主义为指导，充分体现中国共产党党性，是中国特色社会主义文化的重要组成部分。增进人民群众对党内政治文化的认同，有助于提升人民群众对马克思主义的了解、对中国共产党的认知，从而坚定中国特色社会主义文化自信。二是党内政治文化能够提升人民群众对中国共产党的认同。政党认同是政党号召力、凝聚力和战斗力的重要基础，政党文化是促进政党认同的重要途径。党内政治文化是中国共产党政治立场、政治原则、政治方向的集中体现，是中国共产党初心使命和价值追求的重要彰显，是中国共产党人培塑政治灵魂、挺起精神脊梁的重要支撑。积极健康的党内政治文化有助于塑造中国共产党为民服务、敢于斗争、清正廉洁、自我革命等形象，有助于增进人民群众对中国共产党的政治认同，更好地响应中国共产党的号召，投身全面建成社会主义现代化强国的时代浪潮。

2. 党内政治文化为全面建成社会主义现代化强国提供政治保证

党的二十大报告指出："全面建设社会主义现代化国家，必须坚持中国特色社会主义文化发展道路，增强文化自信，围绕举旗帜、聚民心、育新人、兴文化、展形象建设社会主义文化强国。"[①] 社会主义文化强国与全面建成社会主义现代化强国是相辅相成的。一方面，文化发展是社会主义现代化建设的重要目标，社会主义文化强国建设是全面建成社会主义现代化强国的应有之义。另一方面，全面建成社会主义现代化强国离不开国家文化软实力的提升和中华文化影响力的支撑，离不开社会主义先进文化的发展。党内政治文化作为中国特色社会主义文化的重要组成部分，能够为全面建成社会主义现代化强国提供政治保证。

一方面，党内政治文化能够强化马克思主义在意识形态领域的指导地位，确保全面建成社会主义现代化强国沿着正确的方向前进。举什么旗、走什么路，事关党和国家的前途命运，事关中国特色社会主义前进的方向。历史已经并将继续证明，中国共产党为什么能，中国特色社会主义为什么好，归根到底是马克思主义行，是中国化、时代

---

① 习近平：《高举中国特色社会主义伟大旗帜　为全面建设社会主义现代化国家而团结奋斗——在中国共产党第二十次全国代表大会上的报告》，人民出版社2022年版，第42—43页。

化的马克思主义行。党的十八大以来，我国意识形态发展进入新局面，全党全军全国各族人民的道路自信、理论自信、制度自信、文化自信明显增强，精神面貌更加奋发昂扬。但全面建成社会主义现代化强国的道路不会一帆风顺，我国意识形态领域仍然存在不少挑战，资本主义和社会主义、东方和西方的意识形态斗争仍然尖锐、复杂。历史无数次证明，思想防线被攻破，其他领域的防线也随即瓦解，一个国家意识形态出问题，其他方面就会出更大的问题。在全面建成社会主义现代化强国伟大征程中，我们在意识形态方面没有任何妥协退让的余地。只有发展积极健康的党内政治文化，以党内政治文化引领社会主义文化发展，才能有效抵御各种错误思想的腐化侵蚀，才能建设具有强大生命力和创造力的社会主义文明，厚植全面建成社会主义现代化强国的文化底蕴。

另一方面，党内政治文化能够夯实全党团结统一的思想基础，共同为全面建成社会主义现代化强国团结奋斗。回顾历史，中国共产党之所以能够不断发展壮大，始终保持事业长青，一条重要的经验就是通过党内政治文化强化理论武装，统一全党思想和行动，汇聚起攻坚克难、团结奋进的强大力量。当前，世情、国情、党情错综复杂，全面建成社会主义现代化强国面临艰巨繁重的任务，只有通过党内政治文化保证党的团结统一，才能使全党坚定信仰信念、劈波斩浪前行。

第二章

中国共产党党内政治文化的发展脉络

党内政治文化是习近平在党的十八届六中全会上提出的全新命题。作为思想建党和理论强党的重要组成部分，党内政治文化贯穿管党治党实践活动始终，是党的优良传统和政治优势。在百年征程中，中国共产党始终高度重视和深入推进党内政治文化发展。

一、中国共产党党内政治文化的发展轨迹

习近平指出："中国共产党一经诞生，就把为中国人民谋幸福、为中华民族谋复兴确立为自己的初心使命。一百年来，中国共产党团结带领中国人民进行的一切奋斗、一切牺牲、一切创造，归结起来就是一个主题：实现中华民族伟大复兴。"[①] 中国共产党一经成立，就义无反顾肩负起实现中华民族伟大复兴的历史使命。在各个历史时期，党始终围绕这一主题，确定不同阶段面临的主要任务，团结带领人民不懈奋斗，使中华民族伟大复兴进入了不可逆转的历史进程。相应地，中国共产党党内政治文化不是静态的，而是处于不断演变之中，先后经历了以"浴血奋战、百折不挠""自力更生、奋发图强""解放思想、锐意进取"等为主要内容的三个阶段，党内政治文化迭代与更新的依据是党在不同时期主要任务的变化。

（一）以"浴血奋战、百折不挠"为主要内容的党内政治文化

新民主主义革命时期，党面临的主要任务是：反对帝国主义、封建主义、官僚资本主义，争取民族独立、人民解放，为实现中华民族伟大复兴创造根本社会条件。这一历史时期，党团结带领人民推翻三座大山，彻底结束了旧中国半殖民地半封建社会的历史，建立了人民

---

① 习近平：《在庆祝中国共产党成立100周年大会上的讲话》，人民出版社2021年版，第3页。

当家作主的中华人民共和国，中国人民从此站起来了。在这一过程中，中国共产党将马克思主义基本原理同党的建设的具体实际相结合，形成了以浴血奋战、百折不挠为主要内容的党内政治文化。

1. 中国共产党成立初期的党内政治文化

党内政治文化发展离不开组织建设。中国共产党成立初期，通过制定党的纲领和章程，对党的性质、宗旨、目标进行明确，为党内政治文化发展初步奠定了组织基础。

第一，确立党的纲领，明确党的目标。1921 年 7 月 23 日晚，中国共产党在上海贝勒路树德里（后称望志路 106 号，今兴业路 76 号）拉开了第一次全国代表大会的序幕。与会代表 13 人，代表全国 50 多名党员。会议的议程主要是分析中国的政治状况、明确党的基本任务、制定党章和讨论党的组织问题，中途由于敌人闯入，会议转至浙江嘉兴南湖游船上继续进行。8 月 5 日，代表们在嘉兴南湖的游船上讨论通过了《中国共产党纲领》，这是党的历史上第一个关于党的建设的纲领性文献。这个不足 1000 字的简短纲领，共 15 条，规定了党的名称、性质和纲领，提出了党的最终奋斗目标。该纲领宣布党的名称是"中国共产党"，党的任务是"以无产阶级革命军队推翻资产阶级，由劳动阶级重建国家，直至消灭阶级差别；采用无产阶级专政，以达到阶级斗争的目的——消灭阶级；废除资本私有制，没收一切生产资料，如机器、土地、厂房、半成品等，归社会所有；联合第三国际"[①]。党的纲领的确立，明确了党的性质、任务、目标等重大问题，划清了中国共产党与其他政党的界限。同时，纲领中所规定的"凡接受我党的纲领和政策，愿意忠于党，不分性别、国籍，经过一名党员介绍，均

---

① 《共产国际与中国革命资料选辑（1919—1924）》，人民出版社 1985 年版，第 83 页。

可成为我们的同志;但在加入我党之前,必须断绝同反对我党纲领之任何党派的关系"①"在公开时机未成熟前,党的主张以至党员身分都应保守秘密"② 等内容已经初具党内政治文化雏形。

第二,制定党的章程,规范党的制度。1922 年 7 月 16 日至 23 日,中国共产党第二次全国代表大会在上海南成都路辅德里 625 号召开,12 名代表出席会议,代表全国 195 名党员。由于党的一大召开途中遭到破坏被迫转移会议地点,党的二大采取了较为严格的保密措施,以小型的分组会议为主,尽量减少全体会议的次数,在 8 天的会期中举行了 3 次全体会议。党的二大通过了《中国共产党第二次全国代表大会宣言》《中国共产党章程》《关于"世界大势与中国共产党"的议决案》《关于"国际帝国主义与中国和中国共产党"的议决案》《关于"民主的联合战线"的议决案》《中国共产党加入第三国际决议案》《关于议会行动议决案》《关于"工会运动与共产党"的议决案》《关于少年运动问题的决议案》《关于妇女运动的决议案》《关于共产党的组织章程决议案》等 9 个决议案。其中,《中国共产党章程》和《关于共产党的组织章程决议案》对党员、组织、会议、纪律、经费等问题作出进一步明确,初步创造了党内政治文化发展的条件。

2. 大革命时期的党内政治文化

中国共产党成立后领导了多次工人运动,成功掀起中国工人运动的第一次高潮。从 1922 年 1 月至 1923 年 2 月,中国共产党领导全国罢工 200 余次,香港海员大罢工和京汉铁路大罢工在中外产生了较大

---

① 《共产国际与中国革命资料选辑(1919—1924)》,人民出版社 1985 年版,第 83-84 页。

② 《共产国际与中国革命资料选辑(1919—1924)》,人民出版社 1985 年版,第 84 页。

影响。但京汉铁路大罢工遭到残酷镇压，党开始意识到，革命事业的胜利需要有强有力的同盟者。第一次国共合作后，中国革命进程不断加快，帝国主义在华势力和北洋军阀反动势力遭到沉重打击。1927年，蒋介石和汪精卫控制的国民党右派宣布与共产党决裂，先后发动四一二和七一五反革命政变，第一次国共合作破裂。大革命虽然失败了，但这期间中国共产党的力量进一步壮大，党内政治文化有了初步发展。

第一，加强党内宣传思想教育。大革命时期，随着全国革命形势不断高涨，中国共产党党员人数大幅度增加。1923年中共三大召开时全国仅有党员 420 人，到 1927 年中共五大召开时，全国共有党员57967 人，党员数量增长了 10 多倍。党员数量增多既促进了党的发展壮大，也存在一定隐患。从积极的方面来说，党员人数增多意味着党的群众基础不断巩固和扩大，党的社会号召力不断提升。但是，党员素质良莠不齐，部分党员存在小农主义、享乐主义和无政府主义等非无产阶级思想，给党的建设带来负面影响，加强党员教育、维护党组织的先进性和纯洁性是大革命时期党的建设面临的紧要问题。

1924 年，中央执行委员会扩大会议审议通过了《党内组织及宣传教育问题议决案》，该议决案指出："我们的党，在国民革命运动里的总职任及对于幼稚的产业无产阶级之训练和集合其群众的职任，要求数量上和质量上有相当的组织，——此次扩大执行委员会认为必须使我们的党及其各个机关能有更明显的组织形式，在宣传和鼓动方面是如此，在党务组织方面亦是如此。"[1] 该议决案还提出要更加重视党内教育问题，设立党校培养指导人才，强调要对党员干部进行马克思主

---

[1]　中央档案馆：《中共中央文件选集》第 1 册，中共中央党校出版社 1989 年版，第 243 页。

义基本原理、党的主张以及形势政策的教育。1925 年，中共四大审议通过的《对于宣传工作之议决案》再次强调加强党内教育。该议决案指出，过去一段时期内党在宣传教育方面存在的问题：一是"党中政治教育做得极少，在党报上我们几乎很难找到教育党员关于党的政策的讨论文字"①。二是"党的宣传和阶级教育未得输入工人群众，以致基础不固"②。三是"在群众中的政治宣传，常常不能深入"③。该议决案强调要加强《向导》《新青年》《中国工人》《党报》等宣传刊物建设，强化对党的政策的宣传教育，同时举办"工人补习学校，星期日补习学校，经常的或临时的讲演会皆可视各地之需要择宜设办，但最重要的是从实际问题中灌输简明的理论智识和浅近的小册子之编辑"④，通过上述措施强化党内思想教育。

第二，加强党的组织建设。党组织是党的战斗堡垒。1925 年，党的四大通过的《对于组织问题之议决案》明确指出："组织问题为吾党生存和发展之一个最重要的问题。"⑤ 该议决案对党的基层组织的形式、例会的内容、吸收党员的方法、党的中央组织对地方组织的指导等方面作出详细规定，进一步规范党的基层组织建设。1925 年，党的四大通过的《中国共产党第二次修正章程》明确指出，"凡有党员三

---

① 中央档案馆：《中共中央文件选集》第 1 册，中共中央党校出版社 1989 年版，第 375 页。

② 中央档案馆：《中共中央文件选集》第 1 册，中共中央党校出版社 1989 年版，第 376 页。

③ 中央档案馆：《中共中央文件选集》第 1 册，中共中央党校出版社 1989 年版，第 376 页。

④ 中央档案馆：《中共中央文件选集》第 1 册，中共中央党校出版社 1989 年版，第 378 页。

⑤ 中央档案馆：《中共中央文件选集》第 1 册，中共中央党校出版社 1989 年版，第 379 页。

人以上均得成立一支部"①，"各支部每星期至少须开会一次，由支部书记召集之"②，"全国大会及中央执行委员会之议决，本党党员皆须服从之"③。通过上述措施，中国共产党进一步规范党的基层组织建设，提升党的凝聚力和战斗力。

3. 土地革命战争时期的党内政治文化

大革命失败后，中国共产党将马克思主义党建理论与中国革命实际、中国共产党建设实际相结合，提出思想建党的原则，同"左"倾教条主义和右倾机会主义展开斗争，不断批判党内错误思想，紧紧围绕武装反抗国民党反动统治这一主题推动党内政治文化发展。

第一，创造性地提出思想建党的重大政治原则。1929 年 12 月，中国工农红军第四军第九次代表大会（古田会议）在福建省上杭县古田村召开。大会经过激烈的讨论，一致通过毛泽东代表前委起草的《关于纠正党内的错误思想》《党的组织问题》《党内教育问题》《红军宣传工作问题》《士兵政治训练问题》《废止肉刑问题》《优待伤病兵问题》《红军军事系统与政治系统关系问题》等决议案，总称《中国共产党红军第四军第九次代表大会决议案》。其中，最核心的决议是《关于纠正党内的错误思想》，该决议指出："红军第四军的共产党内存在着各种非无产阶级的思想，这对于执行党的正确路线，妨碍极大。"④ 该决议对党内存在的单纯军事观点、极端民主化、非组织观

---

① 中央档案馆：《中共中央文件选集》第 1 册，中共中央党校出版社 1989 年版，第 384 页。

② 中央档案馆：《中共中央文件选集》第 1 册，中共中央党校出版社 1989 年版，第 385 页。

③ 中央档案馆：《中共中央文件选集》第 1 册，中共中央党校出版社 1989 年版，第 387 页。

④ 《毛泽东文集》第 1 卷，人民出版社 1993 年版，第 78 页。

点、绝对平均主义、主观主义、个人主义、流寇思想、盲动主义等非无产阶级观点进行强烈批判并提出详细的纠正方法，强调注重从思想上建党，彻底肃清非无产阶级思想，保持中国共产党无产阶级先锋队性质。

第二，坚决同党内错误思想展开斗争。大革命后期，以陈独秀为代表的右倾机会主义者提出放弃对革命武装力量的领导权，使党的事业遭受重大损失。为了总结大革命失败的经验教训，纠正右倾机会主义错误，确定党今后的斗争方针和任务，1927年8月7日，中共中央在汉口原俄租界三教街41号（今鄱阳街139号）召开了中央紧急会议（即八七会议）。会议通过了《中国共产党中央执行委员会告全党党员书》，明确指出："工人阶级的革命党，要纠正自己的错误，只有公开的批评这些错误，而且要使全党党员都参加这种批评。无产阶级的政党不怕公开的承认自己错误。如果共产主义者不能无所畏惧无所忌讳的批评党的错误，疏忽，和缺点，那么，共产主义者也就完了。我们党公开承认并纠正错误，不含混不隐瞒，这并不是示弱，而正是证明中国共产主义运动的力量。"[1] 中国共产党对待错误的态度体现出无产阶级政党彻底的自我革命精神，展现出不怕批评、善于自我批评的精神。

中国共产党在纠正右倾机会主义错误的同时，对"左"倾教条主义的倾向不够重视。纵观整个土地革命时期，"左"倾教条主义多次在党内出现，给党和人民事业带来严重损失。1935年遵义会议的召开，标志着中国共产党开始独立运用马克思主义分析和解决中国革命的实际问题，标志着一切从实际出发、实事求是思想路线在党内确立。

---

① 中央档案馆：《中共中央文件选集》第3册，中共中央党校出版社1989年版，第252页。

遵义会议后，党内政治文化克服了机械、生硬地照搬照抄和断章取义地解读马克思、恩格斯、列宁部分论断的倾向，开始进入新的发展阶段。

4. 全面抗战时期的党内政治文化

全面抗战时期，中国共产党团结带领全国人民，高举抗日民族统一战线伟大旗帜，在全国抗战全局中发挥了中流砥柱作用。这一时期，中国共产党围绕抗日救亡加强自身建设，党内政治文化呈现出新的发展局面。

第一，明确党的建设总目标，锚定党内政治文化发展方向。1939年10月，毛泽东在《〈共产党人〉发刊词》中系统总结了党成立18年来的经验和面临的问题，提出"建设一个全国范围的、广大群众性的、思想上政治上组织上完全巩固的布尔什维克化的中国共产党"[1]。这里说的"布尔什维克化"，既包含无产阶级政党发展的一般特征，也包括中国共产党建设的实际。就无产阶级政党发展的特征而言，思想上先进、政治上坚定、组织上成熟是所有无产阶级政党建设的目标。就中国共产党建设的实际而言，"有大批的新党员所形成的很多的新组织，这些新组织还不能说是广大群众性的，还不是思想上、政治上、组织上都巩固的"[2]。因此，总结好、运用好统一战线、武装斗争、党的建设三大法宝，不断加强对新党员的教育培训，使其掌握党的基本理论和基本知识，在思想、政治、组织等方面"完全布尔什维克化"，成为全面抗战时期党内政治文化的发展目标。

第二，进行整风运动，夯实党内政治文化发展基础。1935年召开的遵义会议虽然结束了"左"倾教条主义在党内的统治，但党内

---

① 《毛泽东选集》第2卷，人民出版社1991年版，第602页。

② 《毛泽东选集》第2卷，人民出版社1991年版，第603页。

"左"、右倾思想尚未完全肃清，在一定范围内仍然存在，部分党员当中存在党风不正、学风不正和文风不正的问题，主观主义、宗派主义对党的建设产生了严重影响。因此，党中央决定在党内开展一次大规模的整风运动。1941年初，党中央在延安组织了100多名党的高级干部系统学习马克思主义经典著作和党的历史文献，5月19日，毛泽东作《改造我们的学习》的报告，报告中严肃提出要反对党内存在的主观主义。1942年2月，毛泽东在延安作了《整顿党的作风》和《反对党八股》的报告，明确提出了整风运动的内容、方针、任务和方法。此后，中共中央宣传部印发《关于在延安讨论中央决定及毛泽东同志整顿三风报告的决定》《关于在党内进行整顿三风学习运动的决定》。延安整风运动遵循"惩前毖后、治病救人"的原则，采用"团结—批评—团结"的方式，围绕反对主观主义以整顿学风、反对宗派主义以整顿党风、反对党八股以整顿文风三方面进行，使党的领导机关和干部进一步掌握了马克思列宁主义的普遍真理同中国革命实际相结合的原则，树立了联系群众、调查研究、实事求是的优良作风，使实事求是思想路线在党内的地位更加巩固，有效净化了党内政治环境和政治风气，为党内政治文化发展奠定思想基础和实践基础。

5. 解放战争时期的党内政治文化

解放战争时期，中国共产党将推翻国民党反动统治、解放全中国作为中心任务，围绕这一任务加强形势教育、整顿党的组织和纪律，不断提高党的凝聚力和战斗力，清除庸俗腐朽的党内政治文化。

第一，通过形势教育凝聚全党共识。全面抗战胜利后，久经战乱的中国人民渴望重建家园，但国民党违背人民意志，坚持独裁、内战、卖国的方针，企图在全国范围内建立大地主、大资产阶级的统治，继续压迫和剥削人民。以蒋介石为首的国民党刻意制造和平假象，实则加强军事部署，控制战略要点和主要交通线，为发动内战做准备。美国政府对于蒋介石的战争政策，在政治上、军事上、经济上给予全面支持。在上述背景下，部分党的干部还沉浸在全面抗战胜利的喜悦中，对国民党的真实面目和全国局势认识不清。1945 年 8 月，毛泽东在延安干部会议上对中国国内阶级关系和国共两党关系作了分析，指出"对于蒋介石发动内战的阴谋，我党所采取的方针是明确的和一贯的，这就是坚决反对内战，不赞成内战，要阻止内战。今后我们还要以极大的努力和耐心领导着人民来制止内战。但是，必须清醒地看到，内战危险是十分严重的，因为蒋介石的方针已经定了。按照蒋介石的方针，是要打内战的"[1]，"蒋介石要发动全国规模的内战，他的方针已经定了，我们对此要有准备"[2]。毛泽东清晰地分析了全面抗战胜利后中国将要面临的情况，教育党的干部丢掉幻想、认清形势，团结凝聚全党的共识，坚决捍卫全面抗战的胜利果实、坚决捍卫人民的利益。

第二，进行整党运动，严肃党员作风、规范党员行为。1946 年 6 月，解放战争爆发，在这期间，为克服党内存在的官僚主义作风，把非无产阶级思想、投机分子清除出党，中国共产党进行了整党运动。整党运动的主要内容是"三查"和"三整"，即查阶级、查思想、查作风和整顿组织、整顿作风、整顿思想，目的是"解决这个党内不纯的问题，整编党的队伍，使党能够和最广大的劳动群众完全站在一个方向，并领导他们前进"[3]。整党运动提高了党员干部的思想觉悟，将部分敌对分子、投机分子和顽固分子清除出党的队伍，有力地维护了队伍的纯洁性、阶级性和纪律性。随着党员队伍的纯洁和觉悟的提高，庸俗腐朽的党内政治文化也随之消失。

---

① 《毛泽东选集》第 4 卷，人民出版社 1991 年版，第 1125 页。

② 《毛泽东选集》第 4 卷，人民出版社 1991 年版，第 1134 页。

③ 《毛泽东选集》第 4 卷，人民出版社 1991 年版，第 1253 页。

（二）以"自力更生、奋发图强"为主要内容的党内政治文化

社会主义革命和建设时期，党面临的主要任务是：实现从新民主主义向社会主义的转变，进行社会主义革命，推进社会主义建设，为实现中华民族伟大复兴奠定根本政治前提和制度基础。这一历史时期，党带领人民完成社会主义革命、建立社会主义制度，实现中华民族有史以来最广泛而深刻的社会变革。此外，党领导人民确立我国社会发展进程中的若干基本制度和重要制度，为我国未来发展奠定重要基础。在这一过程中，中国共产党将马克思主义与中国共产党的治国理政相结合、与中华民族独立自主相结合、与中国社会主义建设相结合，形成了以自力更生、奋发图强为主要内容的党内政治文化。

1. 新中国成立初期的党内政治文化

从 1949 年 10 月新中国成立到 1956 年底社会主义改造完成，党一方面要应对复杂的国际形势，另一方面要领导全国人民完成从新民主主义社会向社会主义社会的过渡。这一时期，中国共产党通过加强思想教育、整顿党的作风、严惩贪污腐败等推动党内政治文化进一步发展。

第一，加强思想教育，提高全党全心全意为人民服务的宗旨意识。解放战争胜利后，中国共产党从局部执政转变为全面执政，部分党员干部出现了贪图享乐、不思进取的不良倾向。为保持全党的革命意志，解决党的思想建设方面存在的突出问题，毛泽东多次强调党员思想教育的重要性。1951 年 3 月，中共中央印发《关于加强理论教育的决定（草案）》，该决定指出，全党必须极大地加强思想教育，用马克思列宁主义、毛泽东思想武装全党。此外，该决定将党员的理论学习分为三级，即政治常识、理论常识和马克思主义经典著作。此次思想教育

提高了党员干部对党的政策理解的全面性、加强了对马克思主义的学习、提升了理论水平，使全心全意为人民服务的宗旨理念成为党内政治文化的重要组成部分。

第二，整顿党的作风，纯洁党的队伍。新中国成立后，党的规模进一步扩大，党员数量急剧增长。部分敌对分子、投机分子趁机混进党内，部分党员干部的骄傲自满情绪滋长，党内一定程度上存在官僚主义和形式主义作风。此外，混进党内的敌对分子不断制造混乱，破坏党群关系和干群关系，严重损害党的形象。1950年和1951年，中国共产党先后在全党范围内开展整风运动和整党运动，着重解决入党动机不纯、思想作风不纯、党群关系恶化、基层组织涣散等问题，进一步纯洁党的作风、整顿党员队伍，有效加强基层组织建设。

第三，严惩贪污腐败，推进党风廉政建设。新中国成立后，我国国民经济逐渐恢复。但随着全社会生产的广泛开展，部分党员干部的贪污、腐败行为逐渐滋长，官僚主义现象严重，极个别干部在资本家的拉拢腐蚀下堕落变质。1951年12月，党中央印发《关于实行精兵简政、增产节约、反对贪污、反对浪费和反对官僚主义的决定》，该决定把反贪污、反浪费、反官僚主义作为贯彻精兵简政、增产节约这一中心任务的重大措施。此后，党中央先后印发《关于反贪污斗争必须大张旗鼓地去进行的指示》《关于立即限期发动群众开展"三反"斗争的指示》《关于在"三反"斗争中惩办犯法的私人工商业者和坚决击退资产阶级猖狂进攻的指示》，推动"三反"运动顺利开展。"三反"运动有力地抵制了资产阶级思想对党员干部的腐蚀和资本家对党员干部的拉拢讨好，清除了干部队伍中的腐化变质分子，教育和挽救了一大批党的优秀干部，推动清正廉洁党内政治文化的形成。

2. 社会主义建设时期的党内政治文化

1956年底社会主义改造基本完成后，我国进入社会主义建设时期。从新民主主义社会进入社会主义社会后，社会主义如何建设和巩固，是中国共产党面临的一项全新课题。中国共产党初步探索适合中国国情的社会主义建设道路，在理论和实践层面为社会主义建设作出若干开创性贡献。这一时期，围绕社会主义建设的目标和任务，党内政治文化进一步发展，主要表现在完善党内民主、开展整风运动、加强纪律建设和组织建设等方面。

第一，完善和发展党内民主。党的七大后，中国社会发生了深刻变化，全国人民在党的领导下取得全面抗战和解放战争的胜利，到1956年上半年，绝大部分地区完成社会主义改造，建立起社会主义制度。与此同时，第一个五年计划的若干重要指标能够按照预期完成，全国经济社会发展形势持续向好。在上述背景下，党中央决定召开第八次全国代表大会，进一步加强党的建设，探索新形势下党的路线、方针、政策。1956年9月，党的八大在北京召开。这次会议肯定了党的七大以来路线的正确性，分析了国际形势和国内主要矛盾的变化，对党章进行修改，对建设马克思主义执政党进行探索。一是明确提出反对脱离群众、脱离实际的错误倾向。党的八大指出，群众路线是党的组织工作的根本问题，要端正态度、加强党员队伍建设，加强党和人民群众的血肉联系，反对任何形式的脱离群众的做法。二是强调进一步加强党内民主建设。党的八大指出，坚持民主集中和集体领导制度，反对个人崇拜、反对对个人过度称赞。

第二，开展整风运动，纠治党内不良政治文化。社会主义建设时期，党内政治文化发展取得一定成效，但官僚主义、宗派主义和主观主义等不良文化仍然存在，对党员干部的思想和行为产生消极影响。1956年底，毛泽东在党的八届二中全会上宣布在全党范围内开展整风运动。1957年4月，党中央印发《关于整风运动的指示》，对整风运动的目的、要求、方针和方法进行了详细的阐述和明确的规定，强调必须在全党进行一次普遍、深入的反对官僚主义、宗派主义和主观主义的整风运动。这次整风运动有效祛除了党内存在的不良政治文化，进一步密切党和广大劳动人民的联系，从而推动全党"造成一个又有集中又有民主，又有纪律又有自由，又有统一意志、又有个人心情舒畅、生动活泼，那样一种政治局面"①。

第三，加强组织建设，完善党的领导体制。1962 年底，中国共产党召开组织工作会议，系统研究党的干部队伍建设、基层党组织建设、党的思想宣传工作等事关党的建设的重大问题，为党的领导体制完善奠定重要基础。此次会议提出将党的建设纳入各级党委日常工作的议事日程，进一步改进党委的领导方法，不断完善党委对党的建设工作的领导。会议明确提出"党管干部"的原则，要求进一步提升干部工作的制度化水平，通过完善干部考察制度、干部鉴定制度和干部管理制度，不断提升党员干部队伍建设的科学化、制度化水平。此外，会议还指出党的基层组织建设存在的问题，即部分党员干部组织上已经入党，但思想还游离在党外，形成组织和思想"两张皮"，要求进一步加强对党员干部的教育，整顿软弱涣散的党组织。

第四，加强纪律建设，传承优良作风。社会主义建设时期，少数党员干部存在思想不纯、行为腐化的现象，出现小范围的贪污腐败。针对这一现象，党不断加强纪律建设，传承党清正廉明的优良作风。1962 年，中国共产党先后制定了《中共中央关于不准请客送礼和停止新建招待所的通知》《中共中央关于整顿对负责干部的特需供应，禁止商品供应"走后门"的指示》，倡导厉行节约、反对浪费、艰苦办事业，干部和群众一律平等、不享受特权，有效遏制了党内存在的铺

---

① 中共中央文献研究室：《建国以来重要文献选编》第 10 册，中央文献出版社 2011 年版，第 429－430 页。

张浪费和不正之风。1963 年，党中央制定的《关于厉行增产节约、反对贪污盗窃、反对投机倒把、反对铺张浪费、反对分散主义、反对官僚主义运动的指示》进一步指出，要加强党的纪律建设，坚决纠正党内逐渐滋长的非无产阶级思想、资产阶级作风等破坏党的纪律的行为。

（三）以"解放思想、锐意进取"为主要内容的党内政治文化

改革开放和社会主义现代化建设新时期，党面临的主要任务是：继续探索中国建设社会主义的正确道路，解放和发展社会生产力，使人民摆脱贫困、尽快富裕起来，为实现中华民族伟大复兴提供充满活力的体制保证和快速发展的物质条件。这一历史时期，党领导人民将党和国家工作重心转移到经济建设上来，实行改革开放，使我国经济建设、政治建设、文化建设和社会建设取得一系列重大成就，综合国力大幅提高。在这一过程中，中国共产党坚持一切从实际出发，在科学运用马克思主义立场、观点和方法的基础上实事求是、求真务实，形成了以解放思想、锐意进取为主要内容的党内政治文化。

1. 以邓小平同志为主要代表的中国共产党人对党内政治文化的发展

党的十一届三中全会后，以邓小平同志为主要代表的中国共产党人，从根本上纠正"左"倾错误，推动党和国家事业实现重大转折，重新恢复实事求是的思想路线，形成邓小平理论，推动党的建设取得新成就，不断丰富党内政治文化内容，推动党内政治文化发展。

第一，形成邓小平理论，为党内政治文化发展提供科学指引。邓小平指出："社会主义是一个很好的名词，但是如果搞不好，不能正

确理解，不能采取正确的政策，那就体现不出社会主义的本质。"① 在科学回答"什么是社会主义、怎样建设社会主义"这一重大问题的基础上，邓小平理论对中国特色社会主义的发展道路、发展阶段、根本任务、发展动力、外部条件、政治保证、战略步骤、党的领导和依靠力量以及祖国统一等一系列基本问题作出回答，为坚持和发展中国特色社会主义提供了科学理论指导。其中，邓小平在多个场合反复强调，"没有中国共产党，就没有社会主义的新中国"②，中国人民的团结、社会的安定、民主的发展、国家的统一，都要依靠中国共产党的领导。为了坚持和加强党的领导，必须努力改善党的领导，为了改善党的领导，就要推动党内政治文化发展，以积极健康的党内政治文化强健党的肌体。

第二，重新恢复实事求是的思想路线，为党内政治文化发展提供重要遵循。毛泽东曾对实事求是的含义作出精辟论述，所谓"实事"，指的是客观存在的一切事物，"是"指的是客观事物的内部联系，"求"就是我们去研究。实事求是既是中国共产党的思想路线，也是党内政治文化的重要组成部分。新民主主义革命时期，中国共产党克服了将马克思主义教条化、将共产国际决议和苏联经验神圣化的错误倾向，确立实事求是思想路线，确保新民主主义革命和社会主义改造取得伟大胜利。但在社会主义建设时期，党未能将这一正确路线做到一以贯之，社会主义建设遭受曲折。党的十一届三中全会后，针对思想领域混乱的严重问题，邓小平指出："一个党，一个国家，一个民族，如果一切从本本出发，思想僵化，迷信盛行，那它就不能前进，

① 《邓小平文选》第 2 卷，人民出版社 1994 年版，第 313 页。
② 《邓小平文选》第 2 卷，人民出版社 1994 年版，第 170 页。

它的生机就停止了，就要亡党亡国。"① 因此，党的十一届三中全会后，以邓小平为主要代表的中国共产党人重新确立实事求是的思想路线，对其进一步丰富和发展。党的实事求是思想路线的重新确立解决了一系列理论和实践方面的重大问题。第一，实事求是思想路线的确立有力地推动拨乱反正的顺利进行，破除了"两个凡是"对党内政治文化发展带来的消极影响。第二，实事求是思想路线破除了僵化的社会主义模式观念，使党员干部重新认识到建设社会主义不只有"苏联模式"一条路可走，使人们在探索社会主义建设道路的过程中获得思想上的大解放，间接地促进党内政治文化发展。第三，实事求是思想路线提出以"三个有利于"作为检验一切工作是非得失的根本标准，破除了党内抽象地谈论姓"资"和姓"社"的不良倾向。

第三，推进党的建设制度化，将党内政治文化发展与党的制度建设相结合。党的十一届三中全会重新确立实事求是的思想路线，实现了党在思想路线、政治路线和组织路线方面的拨乱反正，开启了社会主义现代化建设新局面。邓小平强调，在社会主义现代化建设中，要聚精会神地抓党的建设，"把我们党建设成为有战斗力的马克思主义政党，成为领导全国人民进行社会主义物质文明和精神文明建设的坚强核心"②。1980 年 8 月，邓小平在中央政治局扩大会议上发表了《党和国家领导制度的改革》的重要讲话，讲话对党和国家的领导制度和干部制度进行反思，指出干部制度的主要弊端是官僚主义、权力过分集中、家长制、干部领导职务终身制等现象和形形色色的特权现象。在讲话中，邓小平对制度的重要性展开论述，"我们过去发生的各种错误，固然与某些领导人的思想、作风有关，但是组织制度、工作制

---

① 《邓小平文选》第 2 卷，人民出版社 1994 年版，第 143 页。
② 《邓小平文选》第 3 卷，人民出版社 1993 年版，第 39 页。

度方面的问题更重要。这些方面的制度好可以使坏人无法任意横行，制度不好可以使好人无法充分做好事，甚至会走向反面"①。这一讲话被视为党和国家领导制度改革的纲领性文献，拉开了新时期中国共产党制度建设的序幕。在此之后，中国共产党的领导制度、组织制度、党内选举制度、组织生活制度和党规方法不断完善，制度成为党的建设的重要推动力量，中国共产党党内制度文化有了新的发展。

2. 以江泽民同志为主要代表的中国共产党人对党内政治文化的发展

1989 年党的十三届四中全会后，以江泽民同志为主要代表的中国共产党人，着眼于开创改革开放新局面，推进党的建设新的伟大工程，成功将中国特色社会主义推向 21 世纪。在这一过程中，党的理论创新有了进一步发展，"三个代表"重要思想系统回答了在改革开放和发展社会主义市场经济的条件下，建设一个什么样的党、怎样建设党这一直接关系国家前途命运的重大现实问题。

"三个代表"重要思想内容丰富、立意高远，成功拓展了党内政治文化发展视域，开创了党内政治文化发展的新局面。

第一，"三个代表"重要思想是党内政治文化发展的科学指南。党内政治文化不断发展的直接依据是党的中心任务的变化。"三个代表"重要思想深刻表明，中国共产党要承担起推动中国社会进步的历史责任，必须始终紧紧抓住发展这个执政兴国的第一要务，落实到发展先进生产力、发展先进文化、实现最广大人民根本利益上来，推动社会全面进步，促进人的全面发展。"中国共产党始终代表中国先进文化的前进方向"这一重大命题表明，推动文化发展、发展先进文化是社会主义现代化建设的重要战略任务，而文化的发展离不开政党的

---

① 《邓小平文选》第 2 卷，人民出版社 1994 年版，第 333 页。

领导。作为中国先进文化引领者、代表者和建设者的中国共产党，自身的文化也必须是先进的。这一内在逻辑为中国共产党党内政治文化的发展提供了新的理论依据。

第二，开展"三讲"教育活动，加强党性党风教育。党员干部在大是大非面前必须保持政治定力。能够在大是大非面前保持头脑清醒、立场坚定，自觉站在党和国家大局上想问题、办事情，是衡量党员干部是否合格的重要标准。20世纪90年代，随着东欧剧变、苏联解体，国际共产主义运动陷入低潮，资本主义国家加紧对我国实施"和平演变"战略，党内不良风气逐渐滋长，理想信念淡化，政治立场动摇，不讲政治、不讲大局、不讲党性的情况时有发生。面对上述情况，江泽民于1995年11月在北京市视察工作时提出，领导干部要做到"三讲"，即讲学习、讲政治、讲正气。讲学习，就是要系统学习马克思列宁主义、毛泽东思想、邓小平理论，学习党的历史、学习经济知识和其他科学文化知识。讲政治，就是要坚持四项基本原则，警惕西方敌对势力对中国进行"西化""分化"，在与外国交往过程中坚决维护国家利益和人民利益。讲正气，指的是弘扬革命文化，践行全心全意为人民服务的宗旨，抵制拜金主义、享乐主义、特权主义等歪风邪气。"三讲"作为有机整体，丰富和发展了党内政治文化的时代内涵。

第三，形成"党的建设新的伟大工程"重大命题，推动党内政治文化进一步发展。党的十四大系统论述了加强党的建设和改善党的领导问题，提出"坚持党要管党和从严治党，加强和改进党的建设，努力提高党的执政水平和领导水平"①。党的十五大提出"党的建设新的伟大工程"命题，将其概括为"把党建设成为用邓小平理论武装起来、全心全意为人民服务、思想上政治上组织上完全巩固、能够经受

① 《江泽民文选》第1卷，人民出版社2006年版，第245页。

住各种风险、始终走在时代前列、领导全国人民建设有中国特色社会主义的马克思主义政党"①。这一重大论述为党内政治文化发展提供了新的方向。

3. 以胡锦涛同志为主要代表的中国共产党人对党内政治文化的发展

新世纪新阶段，以胡锦涛同志为主要代表的中国共产党人，在全面建成小康社会的进程中，直面世情、国情、党情的深刻复杂变化，着眼于在新的历史起点上推进中国特色社会主义事业，进一步推动党的理论创新，形成科学发展观。科学发展观是中国特色社会主义在新世纪新阶段的新发展，其提出的"全面提高党的建设的科学化水平"等重大论断推动党内政治文化进一步发展。

第一，科学发展观是党内政治文化发展的根本遵循。2003 年 10 月，党的十六届三中全会通过的《中共中央关于完善社会主义市场经济体制若干问题的决定》指出："坚持以人为本，树立全面、协调、可持续的发展观，促进经济社会和人的全面发展。"② 胡锦涛在此次会议上强调："树立和落实全面发展、协调发展、可持续发展的科学发展观，对于我们更好坚持发展才是硬道理的战略思想具有重大意义。"③ 党的十七大对科学发展观的理论定位、理论依据、理论内涵作了全面阐述，明确指出："科学发展观，是对党的三代中央领导集体关于发展的重要思想的继承和发展，是马克思主义关于发展的世界观和方法论的集中体现，是同马克思列宁主义、毛泽东思想、邓小平理

---

① 《江泽民文选》第 2 卷，人民出版社 2006 年版，第 43 页。

② 中共中央文献研究室：《十六大以来重要文献选编》（上），中央文献出版社 2005 年版，第 465 页。

③ 《胡锦涛文选》第 2 卷，人民出版社 2016 年版，第 104 页。

论和'三个代表'重要思想既一脉相承又与时俱进的科学理论，是我国经济社会发展的重要指导方针，是发展中国特色社会主义必须坚持和贯彻的重大战略思想。"[①] 科学发展观提出的"发展为了人民、发展依靠人民、发展成果由人民共享"等论断，进一步回答了"为了谁、依靠谁、我是谁"等党的建设中一系列理论和实践问题，指明了党内政治文化的前进方向。

第二，开展"保持共产党员先进性教育"活动，丰富党内政治文化的发展形式。先进性是中国共产党的本质属性。2004 年，根据党的十六大和十六届四中全会精神，为进一步加强党的执政能力建设，全面推进党的建设新的伟大工程，确保党始终走在时代前列，更好地肩负起历史使命，中共中央发布《关于在全党开展以实践"三个代表"重要思想为主要内容的保持共产党员先进性教育活动的意见》，决定从 2005 年 1 月开始，用一年半左右的时间，在全党开展以实践"三个代表"重要思想为主要内容的保持共产党员先进性教育活动。根据中央的统一部署和总体安排，全党的先进性教育活动共分三批进行，每批半年左右的时间。第一批为县级以上党政机关和部分企事业单位（2005 年 1—6 月）。第二批为城市基层和乡镇机关（2005 年 7—12月）。第三批为农村和部分党政机关（2006 年 1—6 月）。此次活动涉及全党 7000 多万党员、350 多万个基层组织，是新中国成立以来参加人数最多、规模最大的一次党内集中教育活动。通过教育活动，广大党员干部的马克思主义水平进一步提高，基层党组织的凝聚力和战斗力显著增强，党组织和党员服务群众的意识明显提升，领导干部的作风进一步提高，推动党内政治文化进一步发展。

---

① 中共中央文献研究室：《十七大以来重要文献选编》（上），中央文献出版社 2013 年版，第 10 页。

第三，提出"马克思主义学习型政党"的重大命题，丰富党内政治文化的发展内容。中国共产党历来重视学习，强调通过学习提升自身的能力，更好地为人民服务。2004年，党的十六届四中全会首次提出"学习型政党"概念，并将其作为提高党的执政能力的重要组成部分写入会议公报。党的十七大、十七届四中全会对马克思主义学习型政党建设的目标、原则、方式、方法进行明确，回答了为什么要建设马克思主义学习型政党、建设什么样的马克思主义学习型政党、怎样建设马克思主义学习型政党等一系列重大问题。2010年，中共中央办公厅印发《关于推进学习型党组织建设的意见》，推动马克思主义学习型政党建设进一步发展。马克思主义学习型政党建设赋予党内政治文化新的内涵，即通过学习提升水平、通过学习坚定初心、通过学习牢记使命、通过学习服务人民。

二、中国共产党党内政治文化的发展经验

注重党内政治文化发展是中国共产党的优良传统和政治优势，是贯穿管党治党的重要主线。在不同历史时期，中国共产党高度重视党内政治文化发展，积累了一系列宝贵经验。其中，党内政治文化发展的基础在于加强党内集中教育，重点在于服务党的中心工作，关键在于发挥领导干部表率作用，根本在于坚持马克思主义指导地位。

（一）基础在于加强党内集中教育

党内集中教育是中国共产党为了加强党的建设、提升党员的政治素养和理论水平、统一党员的思想认识而开展的一种有组织的教育活动。这种教育活动的特点表现为时间段清晰、资源和力量集中、教育主题和目标明确。中国共产党通过党内集中教育提高党员干部的马克

思主义水平、党性修养和思想觉悟，巩固党内政治文化的发展基础。改革开放前，各种形式的整风运动是党内集中教育的主要形式，通过整风运动严肃党风，将歪风邪气清除出党。改革开放后，专题学习教育活动成为党内集中教育的主要形式。作为马克思主义执政党，中国共产党高度重视马克思主义理论教育。在历次党内集中教育中，党始终将马克思主义理论教育置于首要地位，不断提高全党的马克思主义水平，引导党员干部坚定理想信念。

第一，通过马克思主义理论教育提升全党马克思主义水平。马克思主义是我们立党立国的指导思想，是中国共产党执政兴国的根本遵循。提升马克思主义水平包含多个方面：一是掌握马克思主义基本原理的水平，包括系统学习马克思主义经典著作，了解马克思主义发展史和国际共产主义运动史。二是掌握马克思主义中国化历史进程和基本经验的水平，包括了解马克思主义在中国传播的历史过程，了解马克思主义在中国传播前、后中国社会的运动轨迹和主要变化，了解中国共产党学习马克思主义的历史，了解中国共产党将马克思主义与中国实际相结合的历史，了解中国共产党运用马克思主义治国理政的历史等方面。三是运用马克思主义的水平，即运用马克思主义基本立场、观点、方法推进具体工作。马克思主义水平的提升需要通过系统的马克思主义理论教育进行。延安整风运动期间，毛泽东发表《改造我们的学习》《整顿党的作风》《反对党八股》等一系列理论著作，将马克思诞辰日5月5日设立为"五五"学习节。"五五"学习节前后共举办了三届，在此活动的推动下，延安及各根据地的机关、学校、部队、团体中的党员干部系统地接受马克思主义理论教育，在群众中逐步掀起学文化、学理论的高潮。

新中国成立后，毛泽东于1958年11月向党的四级委员会（县级到中央）发出以"关于读书的建议"为主题的信件，要求全党加强马克思主义理论学习。党的十二届二中全会审议通过的《中共中央关于整党的决定》指出："对党员系统地进行马克思主义的基本理论教育和党的知识、党的优良传统、党的方针政策教育。"① 党的十五大提出在县级以上干部中进行以讲学习、讲政治、讲正气的"三讲"为主要内容的党性党风教育活动，将学习马克思列宁主义、毛泽东思想和邓小平理论作为"讲学习"的首要内容。新世纪新阶段，党的十六届四中全会提出"学习型政党"的重大概念，再次明确马克思主义理论学习在党的建设中的独特和首要地位。总的来看，通过历次马克思主义理论教育，全党的马克思主义水平不断提高，逐步清除党内存在的各种歪风邪气，党内政治文化内核不断巩固。

第二，通过共产主义远大理想教育坚定全党理想信念。理想信念是共产党人精神上的"钙"，如果理想信念不坚定，精神上就会"缺钙"，党的肌体就会生病。重视理想信念教育，通过坚定理想信念推动工作是中国共产党的一大政治优势。

基于理想信念教育的重要性，历次党内集中教育都将共产主义远大理想教育放在重要位置。新中国成立后，中国共产党于 1951 年召开全党组织工作会议，对政党建党工作进行具体部署。此次会议审议通过的《关于整顿党的基层组织的决议》指出，中国共产党的最终目的，就是要在中国实现共产主义制度，一切党员必须具有为实现党的目的而奋斗的决心，要从党的性质宗旨、实现共产主义是党的最终目的、必须深化对马克思列宁主义与毛泽东思想的学习等八个方面对党员进行教育。1983 年 11 月审议通过的《中共中央关于整党的决定》再次重申，要进行党的优良传统的教育和社会主义、共产主义思想教

---

① 中共中央文献研究室：《十二大以来重要文献选编》（上），人民出版社 1986年版，第 407 页。

育，不断提升党员干部的共产主义觉悟。1989年，在党的十三届四中全会上，江泽民在分析党的建设实际、我国改革开放历程和世界政治经济局势变化的基础上指出："在全党进行马克思列宁主义、毛泽东思想基本理论的教育，进行社会主义、共产主义思想的教育，进行党纲党章和党的路线方针政策的教育。"① 新世纪新阶段，以胡锦涛同志为主要代表的中国共产党人高度重视理想信念教育，《中共中央关于在全党开展以实践"三个代表"重要思想为主要内容的保持共产党员先进性教育活动的意见》明确指出："在新的历史条件下，共产党员保持先进性，就是要自觉学习实践邓小平理论和'三个代表'重要思想，坚定共产主义理想和中国特色社会主义信念，胸怀全局、心系群众，奋发进取、开拓创新，立足岗位、无私奉献，充分发挥先锋模范作用，团结带领广大群众前进，不断为改革开放和社会主义现代化建设作出贡献。"② 总的来看，历次理想信念教育促进全党不断坚定理想信念、坚定政治立场，为党内政治文化发展营造了有利条件。

（二）重点在于服务党的中心工作

党内政治文化发展与党的中心工作的开展是相辅相成、辩证统一的。一方面，党的中心工作是特定历史阶段，根据党的基本路线和国家发展实际确定的党的工作重点，是党的全部工作的着力点，党内政治文化作为党的建设的重要组成部分，担负着服务党的中心工作的职能。另一方面，党内政治文化是党的精神旗帜和政治灵魂，是党的凝聚力和战斗力的重要源泉，在服务党的中心工作过程中不断升华、

---

① 《江泽民文选》第1卷，人民出版社2006年版，第62页。

② 中共中央文献研究室：《十六大以来重要文献选编》（中），中央文献出版社2006年版，第566页。

凝练。

第一，从纵向分析，党内政治文化发展贯穿党的中心工作全过程。大革命时期，面对"中国向何处去"的问题，中国共产党聚集在马克思主义旗帜下，开启为中国人民谋幸福、为中华民族谋复兴的伟大征程。大革命失败后，中国共产党提出思想建党的政治原则，严肃批判党内错误言行，围绕武装反抗国民党反动统治推动党内政治文化发展。全面抗战时期，中国共产党严厉批评党内存在的关门主义、宗派主义、冒险主义等不利于全民族抗战的倾向，将党内政治文化发展与抗日民族统一战线紧密联系，党内政治文化发挥着凝聚民心、积蓄力量的重要作用。新中国成立前夕，毛泽东在党的七届二中全会上提出"两个务必"的重要思想，要求全党同志继续保持谦虚、谨慎、不骄、不躁的作风，务必保持艰苦奋斗的作风，"两个务必"的重大论断推动党内政治文化进一步发展。新中国成立后，毛泽东在《论十大关系》中指出，"努力把党内党外、国内国外的一切积极的因素，直接的、间接的积极因素，全部调动起来"①，为社会主义建设服务。党内政治文化发展也随之发生转向，从"革命"主题转向"建设"主题。改革开放后，随着党的中心工作的变化，党内政治文化内容不断扩充。以邓小平同志为主要代表的中国共产党人将发展党内政治文化与规范党内政治生活相结合，明确党内政治文化发展的方向是为经济建设这一中心工作服务。以江泽民同志为主要代表的中国共产党人在国际共产主义运动陷入低潮时，围绕"建设一个什么样的党、怎样建设党"这一时代课题，将党内政治文化发展与党的建设紧密结合，明确党内政治文化与中国特色社会主义先进文化的内在关联，将党内政治文化发展与社会主义精神文明建设有机结合，赋予党内政治文化新的内涵。新

---

① 《毛泽东文集》第 7 卷，人民出版社 1999 年版，第 44 页。

世纪新阶段，为了抓住重要战略机遇期，以安定团结的局面实现经济社会发展新突破，以胡锦涛同志为主要代表的中国共产党人对加强党的执政能力作出具体部署，大兴求真务实之风，使党内政治文化发展的目标更加突出，主线更加鲜明。

第二，从横向分析，党内政治文化发展贯穿党的建设全过程。一是党内政治文化发展要服务于党的理论创新。理论是行动的先导，只有不断推进理论创新，才能为党的中心工作提供科学指导和理论支撑。党内政治文化发展始终与党的理论创新同频共振、耦合增效。二是党内政治文化发展要服务于党的组织建设。不同历史时期，党内政治文化发展始终坚持弘扬党的优良传统和作风，引导党员干部加强党性修养，为提升党组织的凝聚力和战斗力服务。三是党内政治文化发展要服务于党的作风建设。中国共产党一贯反对形式主义和官僚主义，一贯倡导真抓实干、求真务实的工作作风。不同历史时期，党内政治文化发展始终与党的作风建设相联系，坚决清除党内歪风邪气和非无产阶级思想，坚决抵制西方"和平演变"对党的肌体的侵蚀，永葆党的先进纯洁。四是党内政治文化发展要服务于党的纪律建设。纪律严明、言行一致是中国共产党的光荣传统和独特优势。不同历史时期，党内政治文化发展始终与党纪党规紧密联系，引导党员干部坚定政治立场、坚守政治方向、坚持政治原则、坚信政治道路，保守党的秘密、严守党的纪律，不碰"红线"、不踩"底线"、不触"雷区"，为党的纪律建设服务。五是党内政治文化发展要服务于党的制度建设。制度建设是中国共产党行稳致远的重要保障。不同历史时期，党内政治文化发展始终与党的制度建设紧密结合，形成"文化制度化"与"制度文化化"的有机统一，不断提升管党治党的科学性和系统性。

（三）关键在于发挥领导干部表率作用

在伟大征程中，中国共产党的组织凝聚力和社会号召力不断增强，党员人数不断增多，党组织规模不断扩大。就构成人员而言，中国共产党党员可以分为领导干部与普通党员两部分，领导干部是"关键少数"，普通党员是"绝大多数"。"关键少数"与"绝大多数"的关系是辩证统一的。一方面，二者是领导与被领导、决策与执行、培养与发展、团结与协作的关系，主要表现为"关键少数"领导"绝大多数"，"绝大多数"在"关键少数"的领导下开展工作、服务人民。另一方面，二者是示范与跟随、监督与支持的关系，主要表现为"关键少数"带动"绝大多数"，在党的建设中上行下效。在党和国家事业发展进程中，领导干部作为"关键少数"，始终担负着做好表率、率先垂范、奋勇当先的重要责任。

党内政治文化发展的关键是人，这里说的人既包括领导干部，也包括普通党员，还包括社会民众。在党内政治文化发展中，领导干部率先示范，普通党员效仿跟随，社会民众认同支持，三者形成逻辑闭环。从文化发展的普遍规律分析，"化人"与"人化"的双向互动是文化发展的重要保障。"化人"指的是文化对人的教育、引导、规范、劝诫、形塑等作用，"人化"指的是人在文化的影响下逐渐改变自身行为，成为"人格化的文化"，成为文化的载体和表征。

在党内政治文化发展中，领导干部作为党的骨干力量，其言行举止对党员和群众具有重要的示范和引领作用。领导干部的政治觉悟、文化水平、行为方式，直接影响着"绝大多数"的政治心理倾向、政治价值取向、政治实践方向，关系着党内政治文化"化人"功能的发挥和"人化"效应的彰显，从根本上决定着党内政治文化的发展氛围。从党内政治文化发展的历程分析，"关键少数"的表率作用越突出、越彻底，就越容易形成良好的党内政治文化发展氛围，党内政治文化对"绝大多数"的引导作用和社会民众的辐射导向作用就越强。相反，如果"关键少数"不能摆正位置、找准角色，出现表面信仰坚定实则理想丧失、既想当官又想发财、顺境进取逆境颓废、台上道貌岸然台下放纵欲望、口号震天响行动轻飘飘、身在其位不谋其政等消极、错误行为，不遵守党内政治文化规范、破坏党内政治生态，极易助长党内滋生庸俗腐朽的政治文化，极易导致党内形成"上梁不正下梁歪、中梁不正倒下来"的恶劣政治生态。因此，注重发挥"关键少数"以点带面的整体效应，既是党内政治文化发展的关键环节，也是党内政治文化发展的基本经验。为此，注重发挥"关键少数"以点带面的整体效应，是中国共产党加强党内政治文化建设的关键环节，也是百年大党党内政治文化发展的一条基本经验。

纵观党内政治文化发展历程，中国共产党高度重视发挥"关键少数"的示范作用，多次强调领导干部不仅是党内政治文化发展的先行者和模范者，也是发展党内政治文化的推动者。正因为中国共产党紧紧抓住"关键少数"，让"关键少数"带动"绝大多数"，才能够在百年征程中锻造出一批又一批政治素质过硬、理想信念坚定、忠实履行职责、真诚为民服务的领导干部，才能使领导干部成为党内政治文化发展的表率。

（四）根本在于坚持马克思主义指导地位

马克思主义是党内政治文化的灵魂，党内政治文化发展的根本在于坚持马克思主义指导地位，这是中国共产党党内政治文化发展的宝贵经验。党的二十大报告指出："马克思主义是我们立党立国、兴党兴国的根本指导思想。实践告诉我们，中国共产党为什么能，中国特色社会主义为什么好，归根到底是马克思主义行，是中国化时代化的马克思主义行。拥有马克思主义科学理论指导是我们党坚定信仰信念、把握历史主动的根本所在。"①

在革命、建设、改革的历史进程中，中国共产党人始终坚持马克思主义基本原理不动摇，把马克思主义作为认识世界、把握规律、追求真理、改造世界的强大思想武器，把马克思主义的科学原理、科学精神、科学方法运用于解决中国各个时期的实际问题，中国人民一步步走上了实现中华民族伟大复兴的康庄大道。在马克思主义及其中国化成果的科学指导下，中华民族迎来了从站起来、富起来到强起来的伟大飞跃，实现中华民族伟大复兴进入了不可逆转的历史进程。历史已经并将继续证明，中国共产党团结带领中国人民进行的一切奋斗、一切牺牲、一切创造，都是在马克思主义指导下的伟大实践，中国特色社会主义伟大成就、中国式现代化伟大成就、构建人类文明新形态，都是在马克思主义指导下的伟大实践。

马克思主义是关于无产阶级和全人类解放的科学理论。从一定意义上分析，马克思主义本身就是一种积极健康的党内政治文化。在党内政治文化发展中，中国共产党始终坚持马克思主义指导地位不动摇，切实做好以下工作：一是将马克思主义与党的理论创新相结合，将马克思主义中国化与中国化的马克思主义相结合，将理论指导与实践推进相结合，不断提高党员干部学好、用好马克思主义的能力，不断用马克思主义立场、观点、方法推动党内政治文化发展。二是将马克思主义与理想信念教育相结合。马克思主义揭示了人类社会发展的客观规律，指明了社会主义和共产主义的光明前景。在党内政治文化发展

---

① 习近平：《高举中国特色社会主义伟大旗帜　为全面建设社会主义现代化国家而团结奋斗——在中国共产党第二十次全国代表大会上的报告》，人民出版社2022年版，第16页。

过程中，中国共产党始终将马克思主义放在全党理想信念教育的首要位置，引导党员干部始终保持政治上的清醒和坚定，始终保持共产党人的政治本色，始终保持初心如磐、使命在肩、挺膺担当。三是将马克思主义与共产党人价值观形塑相结合。共产党人价值观既是党内政治文化的重要组成部分，也是党先进性和纯洁性的重要体现。在党内政治文化发展过程中，中国共产党将马克思主义融入共产党人价值观形成塑造的全过程、全方位，不断传承发展党的优良传统和作风，弘扬忠诚老实、公道正派、实事求是、清正廉洁的价值观，营造风清气正的政治生态，为党和国家事业发展提供思想保证和精神动力。

第三章

发展积极健康的党内政治文化的现实审视

　　党的十八大以来，以习近平同志为核心的党中央将"发展积极健康的党内政治文化"纳入新时代党的建设总体布局并写入党章，清晰呈现了以党内政治文化发展推动新时代党的建设新的伟大工程的决心和意志。总的来看，党的十八大以来，党内政治文化发展在思想理论创新、政治生态净化、党内法规建设等方面取得一系列新成就。立足党际交往不断扩大、全社会文化自信显著增强、全面从严治党不断深入等新形势，党内政治文化发展亟须应对意识形态渗透、社会思潮冲击、歪风邪气侵蚀等新挑战。

一、新时代中国共产党党内政治文化的新表现

党的十八大以来，在以习近平同志为核心的党中央的坚强领导下，党的建设成效突出，党内政治文化发展取得一系列新成就。主要表现在通过思想理论创新赋予党内政治文化发展新内涵，通过政治生态净化营造党内政治文化发展新环境，通过党内制度建设为党内政治文化发展提供新保障。

（一）思想理论创新赋予党内政治文化发展新内涵

"发展积极健康的党内政治文化"是新时代中国共产党党建理论的重要组成部分。党的十八大以来，党的思想理论创新不断深入，首次提出"党内政治文化"重大命题，明确党内政治文化具体内容，以科学理论指导党内政治文化发展。

1. 提出"党内政治文化"重大命题

党的十八大以来，以习近平同志为核心的党中央高度重视文化发展。习近平指出："没有中华文化繁荣兴盛，就没有中华民族伟大复兴。一个民族的复兴需要强大的物质力量，也需要强大的精神力量。没有先进文化的积极引领，没有人民精神世界的极大丰富，没有民族精神力量的不断增强，一个国家、一个民族不可能屹立于世界民族之林。"[①] 党的十八大以来，习近平以马克思主义政治家的非凡理论勇气

---

① 中共中央文献研究室：《习近平关于社会主义文化建设论述摘编》，中央文献出版社 2017 年版，第 7 页。

和远见卓识，不仅强调中国共产党是当今世界上最有理由自信的政党，强调"文化自信，是更基础、更广泛、更深厚的自信，是更基本、更深沉、更持久的力量"①，而且从党内政治文化与党内政治生活、政治生态之间的关系，深刻地揭示了党内政治文化的重要功能，强调"党内政治生活、政治生态、政治文化是相辅相成的，政治文化是政治生活的灵魂，对政治生态具有潜移默化的影响"②。正是基于这样的认识，习近平明确提出了"要注重加强党内政治文化建设"，旗帜鲜明反对和抵制形形色色的庸俗腐朽的政治文化，发展积极健康的党内政治文化，营造风清气正的良好政治生态。

"发展积极健康的党内政治文化"这一重大命题的提出有深刻的历史背景。从党的建设的实际需求分析，党的十八大以来，党中央坚持思想建党和制度治党同向发力，推动全面从严治党向纵深发展，解决了党内许多突出问题，党内政治生态总体向好。但与此同时，中国共产党面临的执政考验、改革开放考验、市场经济考验、外部环境考验将长期存在，精神懈怠危险、能力不足危险、脱离群众危险、消极腐败危险将长期存在，部分党的基层组织还存在组织涣散、纪律涣散、思想涣散、作风涣散的问题，部分党员干部思想不纯、政治不纯、组织不纯、作风不纯的情况仍然存在，庸俗腐朽的政治文化侵蚀党的肌体、阻碍党的建设的风险仍然存在。从党担当的历史使命看，党成立至今的一切奋斗、一切牺牲、一切创造都是为了实现中华民族伟大复兴。今天，我们比历史上任何时期都更接近、更有信心和能力实现中

---

① 中共中央党史和文献研究院：《习近平关于社会主义精神文明建设论述摘编》，中央文献出版社 2022 年版，第 228 页。

② 中共中央文献研究院：《习近平关于全面从严治党论述摘编》，中央文献出版社 2016 年版，第 74 页。

华民族伟大复兴的目标。但"行百里者半九十",中华民族的伟大复兴绝不是轻轻松松、敲锣打鼓就能实现的,必须时刻准备着进行伟大斗争。

综上所述,党的十八大以来习近平在多个场合反复强调,在新的时代条件下实现伟大梦想,必须进行伟大斗争、建设伟大工程、推进伟大事业,伟大斗争、伟大工程、伟大事业、伟大梦想四者紧密联系,起到决定作用的是党的建设新的伟大工程。只有加强党内政治文化建设,发展积极健康的党内政治文化、严肃党内政治生活、营造风清气正的党内政治生态,才能解决党的建设存在的一系列问题,从根本上消除庸俗腐朽的落后文化对党的建设的消极影响。

2. 明确党内政治文化发展的具体内容

党的十八大以来,习近平关于党内政治文化的系列重要论述全面系统地阐述了"发展积极健康的党内政治文化"的内涵。一方面,明确党内政治文化的内容,即以马克思主义为指导、以中华优秀传统文化为基础、以革命文化为源头、以社会主义先进文化为主体、充分体现中国共产党党性的文化。上述五方面紧密联系、相互作用。其中,马克思主义是党内政治文化发展的指导思想,决定党内政治文化发展的方向。中华优秀传统文化是党内政治文化的"根",承接党内政治文化与中华民族优秀文化基因,为党内政治文化增添历史底蕴。革命文化是党内政治文化的源头,为党内政治文化注入红色基因。社会主义先进文化反映党内政治文化的时代性,为党内政治文化发展提供时代关照。党性包含阶级性、人民性以及政党的先进性和纯洁性,是党内政治文化的核心。另一方面,明确党内政治文化的性质。党内政治文化是"积极的""健康的",不是消极的和病态的,要坚决与所谓的"关系学""厚黑学""官场术""潜规则"划清界限。

3. 形成党内政治文化发展的科学理论指导

党的十八大以来，以习近平同志为核心的党中央，在面临国内外一系列风险挑战的情况下，立足百年未有之大变局和中华民族伟大复兴战略全局，提出一系列治国理政的新理念、新思想、新战略，逐步形成习近平新时代中国特色社会主义思想。习近平新时代中国特色社会主义思想是中国共产党理论创新的最新成果，是当代中国的马克思主义、是 21 世纪马克思主义。这一科学理论内涵丰富、逻辑严密，具有与时俱进、守正创新的理论品格，随着时代发展和实践变化不断完善。从理论体系的科学内涵和内在逻辑看，"十个明确""十四个坚持""十三个方面成就"构成习近平新时代中国特色社会主义思想的主要内容，"六个必须坚持"是贯穿其中的世界观和方法论，经济思想、法治思想、生态文明思想、强军思想、外交思想、文化思想和党的建设重要思想是习近平新时代中国特色社会主义思想在各个领域的生动实践，共同推动整个理论体系的不断丰富完善。

习近平文化思想是习近平新时代中国特色社会主义思想在文化领域的具体体现。这一重要思想贯穿着马克思主义立场、观点、方法，创造性运用马克思主义世界观和方法论研究解决新时代中国特色社会主义文化建设中的重大理论问题和实践问题，是中国共产党领导文化发展的经验凝练和理论总结，以系统的原创性论断推动马克思主义文化理论达到新的高度。这一重要思想包含理论武装、舆论宣传、思想道德建设、精神文明建设、文化繁荣发展、网络建设管理、文明交流互鉴等方面，是内容丰富、内涵深刻的科学思想体系。2023 年 10 月召开的全国宣传思想文化工作会议从"体"和"用"两个层面初步阐发了这一思想的基本架构和主要内涵。这一重要思想既包括文化发展重大理论观点上的创新突破，又对党的文化工作作出部署和要求，形成明体达用、体用贯通，理论与实践相结合、认识论与方法论相统一的思想体系。

在重大创新观点上，习近平文化思想提出坚持党的文化领导权、以人民为中心的鲜明立场、坚定文化自信、中华民族的文化主体性、新的文化生命体、中华民族现代文明、中国话语和中国叙事体系、全人类共同价值、人类文明新形态等一系列原创性、突破性的理论观点。在文化发展战略部署上，习近平文化思想提出健全用党的创新理论武装全党、教育人民、指导实践工作体系，全面落实意识形态工作责任制，推动理想信念教育常态化、制度化，培育和践行社会主义核心价值观，加快构建中国特色哲学社会科学，健全网络综合治理体系，创作生产优秀文艺作品，加强全媒体传播体系建设，深化文化体制改革，推进文物保护利用和文化遗产保护传承，加强国际传播能力建设，深化文明交流互鉴，建设高素质的宣传思想文化工作队伍等一系列重大部署要求，是新时代中国特色社会主义文化发展的根本遵循。其中，没有高度文化自信、没有文化繁荣兴盛就没有中华民族伟大复兴，坚持社会主义文化的先进性、坚持党的文化领导权和意识形态领导权，坚持鲜明的人民立场和群众观点等一系列重要论述立意深远、内容丰富，深刻阐明了文化发展与全面从严治党的关系，是党内政治文化发展的科学指引。

（二）政治生态净化营造党内政治文化发展新环境

党内政治生态指的是党内政治生活的整体状态和环境，包括政治制度、政治文化、政治生活的相互作用，是党风、政风与社会风气的综合反映。风清气正的党内政治生态能够对党员干部的价值取向和行为方式产生积极影响，对于提升党的创造力、凝聚力和战斗力至关重要。党内政治生态与党内政治文化是相互促进、同频共振的。党内政治文化通过塑造党员的价值观和行为准则，对党内政治生态产生引导作用，促进形成积极向上的政治氛围，保持党内政治生态的积极、健康，防止不良政治现象的出现。党的十八大以来，随着全面从严治党纵深推进，党内政治生态得到持续净化，为党内政治文化发展营造了新的环境。

1. 构建"三不腐"的廉洁政治生态

腐败是中国共产党行稳致远的重要威胁，清除腐败产生的根源，保持党内政治生态风清气正，是党内政治文化发展的重要任务。党的十八大以来，以习近平同志为核心的党中央坚持不敢腐、不能腐、不想腐一体推进，开创了党内政治生态净化的新局面。

坚持一体推进不敢腐、不能腐、不想腐，蕴含着党对反腐败斗争形势的清醒认识和深刻把握，彰显了思想建党和制度治党、科学引导与底线约束、严厉整治与引导教育的有机统一。习近平指出："全党同志要深刻认识反腐败斗争的长期性、复杂性、艰巨性，以猛药去疴、重典治乱的决心，以刮骨疗毒、壮士断腕的勇气，坚决把党风廉政建设和反腐败斗争进行到底。"[①] 不敢腐、不能腐、不想腐立足党的初心使命和人民立场，聚焦腐败发生的深层次原因，是相辅相成、密不可分的有机整体，贯穿于持续正风肃纪、拒腐防变的全面从严治党全过程。其中，不敢腐是前提，以严厉手段震慑潜在的贪污腐败，为不能腐和不想腐创造条件。不能腐是关键，通过科学的权力配置、完善的监督体系，让贪污腐败无机可乘，巩固不敢腐和不想腐的成果。不想腐是根本，通过修身养性、自我反省，涵养党内廉洁文化，树立崇尚清廉、拒绝贪污的价值取向，使不敢腐和不能腐的行为自觉得到升华，促进党内政治文化的形成。

---

① 《认真学习习近平总书记在十八届中央纪委三次全会上重要讲话精神》，人民出版社 2014 年版，第 2 页。

此外，党的十八大以来，全党先后开展多次党内集中教育活动，如党的群众路线教育实践活动、"三严三实"专题教育、"两学一做"学习教育、"不忘初心、牢记使命"主题教育、党史学习教育、学习贯彻习近平新时代中国特色社会主义思想主题教育和党纪学习教育等，通过党内集中教育以先进的理论武装全党、以崇高的价值感召党员，不断提升全党马克思主义水平和品德修养，实现了党内政治生态净化，促进了党内政治文化发展。

2. 构建健康的党内同志关系

党内同志关系基于共同的政治理念和目标，以平等、尊重、团结和互助为基本原则，是中国共产党党员之间相互交往和合作的重要基础。良好的党内同志关系对于增强党的凝聚力和战斗力、促进党内政治文化发展具有重要意义。中国共产党历来强调党内同志关系的构建。习近平多次强调，党内要保持健康的党内同志关系，倡导清清爽爽的同志关系、规规矩矩的上下级关系。

健康的党内同志关系至少包含以下内容：第一，健康的党内同志关系不是简单的领导与被领导、命令与服从的关系，而是建立在志同道合的基础上的亲密合作关系。中国共产党党员人数众多，党员的人生经历、知识水平、生活阅历、工作岗位等都有差异，党员聚在一起是为了共同为中华民族谋复兴、为中国人民谋幸福，目标一致是构建党内同志关系的基础。第二，健康的党内同志关系是平等的关系。在中国共产党的组织体系中，尽管存在分工与岗位的差异，但党员没有高低贵贱之分，分工合作是为了共同完成工作。每一位党员在权利与义务上、在人格上都是完全平等的。第三，健康的党内同志关系是清清爽爽的。党内同志关系不掺杂个人私利，不搞团团伙伙、拉帮结派，党员之间应坦诚相待，言行一致，坚持原则，不搞两面派，不搞阳奉阴违，通过开展批评与自我批评，及时消除误解和矛盾，维护党内的团结和谐。第四，健康的党内同志关系在上下级之间是规规矩矩的。这种关系强调党内上下级之间规范、有序、健康的工作关系和相互交往模式，强调上下级之间有明确的工作职责划分，下级应尊重上级的领导地位和工作经验，上级也应尊重下级的工作和意见，上级对下级的工作表现要进行公正、客观地评价，不带有个人偏见，无论是上级还是下级，都应该严格遵守党的纪律和规矩，不能违反党的纪律和组织原则。

党的十八大以来，通过构建健康的党内同志关系，党内存在的人身依附、政治攀附和不平等的同志关系等现象得到较大程度的解决，拉拉扯扯、团团伙伙、吹吹捧捧等歪风邪气得到有效遏制，党内政治生态朝着政治过硬、纪律过硬、"关键少数"过硬、监督过硬的良好态势发展，党的先进性和纯洁性不断增强。

（三）党内制度建设提供党内政治文化发展新保障

制度文化是指在一定的社会历史条件下，人们在社会实践中形成的与制度相关的价值观念、行为规范、组织形式和运行机制等方面的文化现象。制度文化是社会文化的重要组成部分，对维护社会秩序、规范人们行为、推动社会进步具有重要作用。党内制度文化是指在中国共产党的组织生活中，通过一系列正式的规章制度、规范流程以及行为准则所体现的文化特征和价值观念。党的十八大以来，中国共产党大力推进制度建设，形成以党的领导为核心、以民主集中制为原则、以党内法规为基础的独特党内制度文化，成为党内政治文化发展的新保障。

1. 党的领导是党内制度文化的核心

中国共产党的领导是历史的选择、人民的选择。中华民族是世界上最伟大的民族，有着5000多年的文明历史，为人类文明进步作出了重要贡献。1840 年鸦片战争以后，中国逐步沦为半殖民地半封建社会，国家蒙辱、人民蒙难、文明蒙尘，中华民族遭受了前所未有的劫难。为了拯救民族危亡，中国人民奋起反抗，仁人志士奔走呐喊，太平天国运动、戊戌变法、义和团运动、辛亥革命接连而起，各种救国方案轮番出台，但都以失败而告终。十月革命一声炮响给中国送来了马克思主义，在马克思主义与中国工人阶级相结合的过程中，中国共产党于 1921 年诞生。中国共产党一经诞生，就把为中国人民谋幸福、为中华民族谋复兴作为自己的初心使命。

中国共产党践行初心使命的过程正是不断坚持和巩固党的领导地位、形成领导核心的过程。回顾历史，党在成立早期之所以不断遭受挫折，一个重要原因就是没有成熟的、稳定的、坚强的领导核心。1935 年的遵义会议事实上确立了毛泽东在党和红军中的领导地位，党的建设、红军的发展和中国革命的前途发生了伟大转折。历史已经并将继续证明，坚持和维护党的领导、确立党的领导核心至关重要。党的十八大以来，党和国家事业之所以取得历史性成就、发生历史性变革，最根本的就是形成和确立了习近平同志党中央的核心、全党的核心地位，坚定维护了党中央权威和集中统一领导。党的领导不仅是党和国家事业发展的关键，也是党内制度建设的核心，更是党内政治文化发展的重心。将党的领导制度与党内政治文化发展相结合，形成独特的党内制度文化，既是新时代全面从严治党的重要创新，也是党内政治文化发展的实践创造。

2. 民主集中制是党内制度文化的原则

民主集中制是马克思主义政党理论的重要内容，是中国共产党的根本组织原则和领导制度。坚持民主集中制，是马克思主义政党区别于其他政党的显著标志，是维护党团结统一、科学决策、奋勇前行的重要法宝。中国共产党是按照民主集中制原则组织和建立的政党，回顾党的百年奋斗历程，党把充分发扬党内民主与正确实行党内集中结合起来，既能够有效统一全党的思想和行动，又能够最大限度激发全党活力，有效避免了议而不决、决而不行、行而无效的分散主义出现。可以说，民主集中制是中国共产党不断发展壮大、不断保持生机活力、始终高度团结统一的关键所在。

民主集中制包括民主和集中两个方面，两者互为条件、相辅相成。中国共产党实行的民主集中制，既有集中又有民主、既有纪律又有自由、既有统一意志又有个人心情舒畅。例如，党的代表大会报告、党的全会文件、党的重要文件和重大决策、政府工作报告、重大改革发展举措等，都要在党内一定范围征求意见，党和国家工作的重大决策部署，在听取各方面意见和建议后，最后的决定权在党中央。在酝酿和讨论过程中，大家可以充分发表意见，畅所欲言，可以提修改意见，可以批评，甚至可以反对。但是，一旦党中央作出决定，各方就要坚决贯彻执行。这些程序、环节都有制度性规定，不是可有可无的，而是贯彻民主集中制的体现，目的就是充分发扬民主，形成正确集中。只有将民主与集中统一起来，才能充分发挥党的战斗力，推动党的事业向前发展。在这个过程中，党的制度文化得以形成，潜移默化地发生作用。

3. 依规治党是党内制度文化的基础

依规治党是指中国共产党依据党内法规和国家法律来规范党组织和党员的行为，加强党的建设，提高党的执政能力和领导水平的一种治理方式。依规治党是全面从严治党的重要内容和基本遵循，是党内制度文化的基础。党的十八大以来，党不断推进党的建设理论创新、实践创新、制度创新，坚持制度治党、依规治党，引领和推动党内法规制度建设取得历史性成就，为新时代党的建设提供了根本性、全局性、稳定性、长期性保障。

依规治党，核心要义是有规可依、有规必依、执规必严、违规必究。有规可依强调的是党内法规的制定问题，是依规治党的前提；有规必依、执规必严、违规必究强调的是党内法规的实施问题，是依规治党的关键。党的十八大以来，以习近平同志为核心的党中央按照制度治党、依规治党的原则，统筹安排全面从严治党，全面推进党内法规体系建设。截至 2024 年 3 月，全党现行有效党内法规共 3890 部。其中，党中央制定的中央党内法规 221 部，中央纪律检查委员会以及党中央工作机关制定的部委党内法规 202 部，省、自治区、直辖市党委制定的地方党内法规 3467 部。① 党的十八大以来，新制定修订的党内法规占比超过 70%。在党的创新理论引领下，党内法规制度建设力度之大前所未有，数量之多前所未有，执行之严前所未有，保障之强前所未有，党内法规制度建设实现了跨越式、高质量发展。党内法规的出台与严格执行，推动中国共产党党内制度建设进一步发展，巩固了党内制度文化的基础，有力地促进党内政治文化发展。

二、发展积极健康的党内政治文化面临的新机遇

新时代，中国共产党党内政治文化发展面临前所未有的机遇。一方面，随着经济全球化推进与人们普遍交往加深，中国与世界各国交流互动日益频繁，党际交往不断扩大，为党内政治文化发展提供新契机。另一方面，文化在经济社会发展中的重要性不断显现，全社会文化自信不断增强、对党内政治文化认同逐渐加深。此外，随着全面从严治党深入推进，党内政治生态持续向好、政治生活不断规范，开创

---

① 张劲：《持之以恒推进依规治党——新时代党内法规制度建设》，《党建》2024 年第 6 期。

了党内政治文化发展的新局面。

（一）党际交往不断扩大为党内政治文化发展提供新契机

随着全球化加速演进，国家与国家、政党与政党之间的交流往来日益密切，加强对话、深化合作成为各国政党交往的主旋律。党际交往是中国共产党对外交往的重要组成部分。中国共产党党际交往是为中国式现代化建设争取和平、有利的国际环境，促进中国同世界各国的关系健康、稳定地发展，为维护世界和平、推动经济发展、促进人类进步作出贡献。

中联部网站显示，改革开放以来，中国共产党对外交往日趋活跃，交往形式和内容不断扩充。"独立自主、完全平等、互相尊重、互不干涉内部事务"，作为中国共产党对外处理党际关系的四项原则，在国际上得到了广泛的理解和认同。中国共产党同世界上多个国家和地区不同类型的组织和政党建立了不同形式的联系和交往。这些组织和政党，既有执政党，又有参政党，也有重要的在野党和与中国暂未建立外交关系的国家的政党；既有共产党和工人党，也有保守党、工党和社会党等；既有发达国家的政党，也有亚、非、拉等发展中国家的政党。通过不同形式、不同层次、不同渠道的友好交往，中国共产党与各种不同类型的政党就双方共同关心的问题坦诚交换意见，双方谈论的主题包括但不限于双边关系、国际问题、治国理政、政党发展、世界热点议题等。以相互尊重、求同存异为基础的党际交往，不仅有利于加深中国共产党与世界其他政党和组织的相互了解、友谊与合作，也成为推动中国特色大国外交的重要方式。党的二十大报告在总结过去十年的工作中指出："我们全面推进中国特色大国外交，推动构建人类命运共同体，坚定维护国际公平正义，倡导践行真正的多边主义，旗帜鲜明反对一切霸权主义和强权政治，毫不动摇反对任何单边主义、保护主义、霸凌行径。我们完善外交总体布局，积极建设覆盖全球的伙伴关系网络，推动构建新型国际关系。我们展现负责任的大国担当，积极参与全球治理体系改革和建设，……赢得广泛国际赞誉，我国国际影响力、感召力、塑造力显著提升。"[1] 中国共产党与世界各种政党、组织的对话交往，为党内政治文化发展创造了新的契机。

党的十八大以来，中国共产党通过高层互动、会议对话、工作讨论等方式，逐步形成同世界各个国家、不同类型政党经常性交往的新局面，截至2021年，已与世界上160多个国家和地区的500多个不同类型的政党和政治组织保持经常性联系，形成全方位、多渠道、宽领域、深层次的党际交往格局。2017年11月30日至12月3日，中国共产党与世界政党高层对话会在北京举行。会议主题为"构建人类命运共同体、共同建设美好世界：政党的责任"。来自120多个国家的近300个政党和政治组织的领导人参会，共600多名中外政党代表出席会议，这在世界政党史上可谓罕见。国家主席习近平出席高层对话会开幕式并发表主旨讲话。这次会议意义重大，影响深远，是以习近平同志为核心的党中央践行党章党际交往原则在新时代的实践创新，在中国共产党党际交往历史上具有开创性意义。党际交往的积极意义不仅表现在政治、经济方面，对党内政治文化发展也起到促进作用。

第一，党际交往能够彰显中国共产党独特优势，有助于增强党员的政治认同。政党的形成和发展受到特定历史条件、地域条件和人文条件的影响，也与所在国家的社会制度、政治制度和政党制度息息相关。一般来说，政党总是代表一定社会群体和特定阶层的利益，这种

---

① 习近平：《高举中国特色社会主义伟大旗帜　为全面建设社会主义现代化国家而团结奋斗——在中国共产党第二十次全国代表大会上的讲话》，人民出版社2022年版，第12-13页。

利益代表性导致政党在政党纲领、政治理念、价值追求和行为准则上呈现出明显的差异性。环顾世界各国的政党，中国共产党的党员人数最多、党的组织机构最多、执政时间较长，中国共产党的文化、价值观、历史传统、优良作风具有独特的优势。党际交往既有利于传播中国共产党价值理念、塑造中国共产党国际形象，提升中国共产党的全球知名度和影响力，也有利于增进广大党员对中国共产党的认同和了解，增强党员的自豪感与使命感，增强对中国共产党的政治认同，提升党的凝聚力。

第二，党际交往能够拓展中国共产党党内政治文化发展的国际视野。全球化时代，国际交流日益频繁，国家不再是国际关系中的唯一参与者，政党和国际组织成为国际舞台上的重要角色。党际交往不仅加深了政党之间的互动，也促进了政党价值观念的传播、增进了政党之间的相互了解，对政党制定对外交往政策、国家发展政策产生了深远影响。此外，党际交往促进了政党之间在纲领、理念、立场、追求、实践和自身建设等方面的交流，通过相互借鉴，实现取长补短、共同进步。中国共产党是对全球化持开放态度的政党，是高度重视党际交往的政党。在与其他政党交往的过程中，中国共产党能够本着"以我为主、为我所用"的原则，辩证地学习其他政党发展党内政治文化的策略与方法，促进自身文化发展。

（二）全社会文化自信不断增强为党内政治文化发展注入新活力

文化自信是指一个国家或民族对自身文化价值的认同、尊重和自豪感，以及在全球化背景下对文化多样性和自身文化生命力的信念和坚定态度。文化自信源自对本民族文化深厚底蕴、独特魅力和创造力的认识，以及对优秀传统文化传承转化和创新发展的信心。2016 年 6

月，习近平在主持十八届中央政治局第三十三次集体学习时，将文化自信与道路自信、理论自信和制度自信并列。同年，在庆祝中国共产党成立95周年大会上的重要讲话中，习近平提出将"文化自信"纳入中国特色社会主义"四个自信"，将文化自信提升到前所未有的高度。

文化是一个国家、一个民族的灵魂。文运与国运相牵，文脉同国脉相连。文化兴则国家兴，文化强则民族强。党的十八大以来，以习近平同志为核心的党中央以强烈的文化自觉与历史担当，以文化理论创新指导文化发展的具体实践，在"五位一体"总体布局中对中国特色社会主义文化建设作出部署，将文化体制改革融入全面深化改革总过程，引领我国文化发展在正本清源、守正创新中取得历史性成就，全社会文化自信不断增强，为党内政治文化发展注入新的活力。

第一，全社会文化自信不断增强为党内政治文化发展营造良好的社会环境。从从属关系分析，党内政治文化是中国特色社会主义文化的重要组成部分，党内政治文化发展与全社会文化发展有密切关联。如果全社会文化发展陷入瓶颈，就不能为党内政治文化发展提供充足的养分，有可能制约党内政治文化发展。相反，一个充满活力、安定有序、生机勃勃的社会文化环境的形成，能够极大地提升人民精神生活境界，为党内政治文化的发展提供坚实的基础和动力。中国共产党为人民而生、因人民而兴，党内政治文化的发展与全社会文化发展有着天然的联系。因此，全社会文化自信普遍增强、全社会文化发展状况持续向好，能够为党内政治文化发展创造有利条件，带动党内政治文化发展。

第二，全社会文化自信不断增强有利于进一步增进党内政治文化自信。习近平指出："领导干部要不忘初心、坚守正道，必须坚定文化自信。没有中华优秀传统文化、革命文化、社会主义先进文化的底蕴和滋养，信仰信念就难以深沉而执着。"① 党的十八大以来，我国文化事业蓬勃发展，中华优秀传统文化保护利用工作进一步加强，社会主义先进文化内容不断丰富、形式不断扩充，革命文化的传承和弘扬进一步发展，党员干部对文化的了解进一步加深，进一步坚定党内政治文化自信。

（三）全面从严治党不断深入为党内政治文化发展开创新局面

党的十八大以来，以习近平同志为核心的党中央从新的历史条件下党的建设面临的新情况和新问题出发，深刻总结党的历史上保持先进性和纯洁性、领导全国人民推进各项事业的宝贵经验，提出全面从严治党的重大战略部署。全面从严治党是关系党的事业兴旺发达的重大举措。回顾中国共产党的光辉历程，从建党之初的 50 多名党员到新时代领导 14 亿人的世界最大执政党；从建党之初的红船到新时代中国特色社会主义巨轮乘风破浪；从回答"中国向何处去"到新时代团结带领全国人民以中国式现代化全面推进中华民族伟大复兴，党的历史就是一部不断加强自身建设的历史。党的十八大以来，党中央将全面从严治党置于党和国家事业发展的突出位置，制定和落实中央八项规定、提出和落实新时代党的建设总要求、以党的政治建设统领党的各项工作、不断加强政治巡视、完善党内法规体系、持之以恒正风肃纪、开展史无前例的反腐败斗争，开创了管党治党新局面，党的建设取得历史性成就。

全面从严治党取得的伟大成就为党内政治文化发展开创了新的局

---

① 中共中央文献研究室：《习近平关于社会主义文化建设论述摘编》，中央文献出版社 2017 年版，第 17—18 页。

面。党内政治文化既是引导全体党员坚定政治立场、统一思想认识和提升理论水平的重要"风向标"，也是提升全体党员政治自觉、思想自觉和行动自觉的"助推器"。党内政治文化出现问题，将对党的建设、对党和国家事业发展产生严重后果。

党的十八大以来，党中央将全面从严治党要求贯穿党内政治文化发展全过程，严厉惩治以权谋私、贪赃枉法、行贿受贿、滥用职权、公款吃喝等各类违纪违法行为，有效遏制了形式主义、官僚主义、圈子文化、码头文化等庸俗腐朽的文化扩散，党中央注重肃清党内歪风邪气、净化党内政治生态，持续优化党内政治文化发展环境。

随着全面从严治党纵深推进，党内政治文化得到进一步凝练和升华，展现出更加鲜明的时代特色和实践价值。第一，通过加强理想信念教育，广大党员深入学习党的创新理论，进一步坚定理想信念，夯实党内政治文化发展的思想基础。第二，全面从严治党强调严肃党的政治纪律和政治规矩，严格执行党中央决策，形成风清气正的党内政治生态，为党内政治文化发展提供坚实保障。第三，全面从严治党推动良好的党风、政风和社会风气的形成，反对形式主义、官僚主义、享乐主义和奢靡之风，推动党员干部转变工作作风和生活作风，为党内政治文化发展注入精神动力。此外，全面从严治党推动党内民主进一步发展，实现了党的决策与党员意志有机统一，进一步增强党员责任感和使命感，提升广大党员参与党内政治文化发展的行动自觉。

三、发展积极健康的党内政治文化面临的新挑战

马克思主义认识论认为，任何事物的发展都蕴含着内在的矛盾，这些矛盾表现为积极因素和消极因素的相互作用。一般而言，事物发展过程中的正面因素表现为事物发展的机遇，而消极因素表现为事物

发展的挑战，机遇与挑战相互依存，共同推动事物向前发展。就党内政治文化发展而言，面临着文化边界受到挤压、文化阵地受到冲击和文化内核受到侵蚀等多方面的挑战。

（一）资本主义意识形态渗透挤压党内政治文化边界

边界指的是单位之间的界限，规定了事物的存在范围和活动空间。文化边界指的是不同文化群体或文化体系之间的分界线。这些边界可以是地理的、社会的、心理的，也可以是虚拟的，它们定义了文化的特征、习俗、信仰、价值观和行为模式的相互区别。常见的文化边界有以下类型：一是地理边界，指不同文化区域在地理上的分界，如国界、语言区域等。二是社会边界，涉及社会结构和群体划分，如阶级、种族、宗教或族群差异所形成的文化分隔。三是心理边界，指个体或群体在心理上对"他者"文化的认知和接受程度，这种边界可能并不总是与地理或社会边界重合。四是交流边界，指不同文化之间交流和互动的界限，可能因语言差异、交流障碍或意识形态差异而形成。五是认同边界，指个体或群体的文化认同感，这种认同感可能因文化边界的存在而得到加强或挑战。可以看出，文化边界既可以是显性的，也可以是隐性的，且文化边界的存在是多种因素共同作用的结果。

在厘清边界与文化边界的含义后，需要从多个维度对党内政治文化边界进行理解。就含义而言，党内政治文化边界指的是党内政治文化与其他政治文化或社会文化之间的分界线，这种分界是党内政治文化特性的重要体现。同时，党内政治文化边界反映了政党的思想观念、价值立场和行为规范，既是区分不同政党的显著标志，也是党的先进性和纯洁性的重要体现。就边界的形成和发展而言，党内政治文化的边界不是固定的，而是在社会实践中不断重构着的。边界重构的过程不仅体现了政党与社会的双向互动，也是政党自身发展的重要反映。

一般而言，政党发展总体向好，党内政治文化的边界会不断扩大，相反，如果政党整体呈现衰落态势，党内政治文化的边界会逐渐收缩。就特性而言，党内政治文化边界不是封闭和排他的，而是开放和包容的，在与其他文化形态、文明形态的交流和互动中不断借鉴和吸收人类社会发展、政党发展的有益成果，不断丰富党内政治文化的内涵、提升党内政治文化的品质。

正是因为党内政治文化边界的开放性和动态性，针对政党的文化渗透和文化侵略往往是从挤压党内政治文化边界，使其发生推演和位移开始的。百年未有之大变局下，"东升西降"已经成为世界政治经济发展的必然趋势，以美国为首的西方国家为了阻挡中国崛起，持续加大对华舆论攻势，不断歪曲、抹黑中国共产党。西方针对中国共产党的舆论战大致有以下形式：一是刻意放大特定事件、诱导公众情绪。西方部分媒体在新闻报道中以"情绪导向"代替事件描绘，刻意伪装成"揭露真相""打抱不平"的旁观者，围绕老人、妇女、未成年人和失业者等特定群体展开悲情叙事，肆意捏造或扩大特定群体的不幸，将其与中国共产党强行联系，试图诱导部分党员和民众增强对党的离心力。二是无中生有、造谣抹黑。攻击中国、攻击中国共产党已经成为部分西方政客口中的"政治正确"，部分西方政客将西方社会的经济下行、失业率增加、社会动乱等因素与中国强行联系，在选举中将攻击中国、抹黑中国共产党视为增加得票率的"法宝"，不断炮制"中国威胁论""文明冲突论""中国经济崩溃论"等话语，不断解构中国共产党的国际形象。三是科技赋能、批量生产。随着信息技术不断发展，以 ChatGPT 为代表的生成式人工智能已经可以根据特定关键词连续输入完整的语言，为西方国家加大对华舆论攻势提供了新的契机。部分西方国家与谷歌、OpenAI 等高科技公司合作，利用大量反华语料对生成式人工智能进行特定的"训练"，通过实现预设的关键词和指令，使其生成关于中国宗教、人权、环保、反腐、党的历史和领袖人物的特定答案。四是外交配合、壮大声势。以美国为首的西方国家不断举行所谓的"民主峰会""和平论坛""环保大会"，按照西方的标准给中国划线，不断对中国进行施压。特别是在中国共产党重要会议召开之后，部分西方媒体在对华报道上"统一口径"，部分西方国家新闻发言人在对华问题上夸夸其谈，不断在国际舆论场上攻击中国。

西方对华舆论攻击与意识形态渗透对党内政治文化发展产生了消极影响，如个别党员干部政治立场发生动摇，甚至阅读、收藏有严重政治问题的境外书刊，个别党员干部私下妄议中央大政方针，个别党员崇尚"西方文明优越论"等，上述问题值得我们引起警惕。

（二）多种社会思潮冲击党内政治文化阵地

文化阵地指的是一定区域内进行文化传播的场域。文化阵地又可以分为实体阵地和虚拟阵地，常见的实体阵地主要有图书馆、博物馆、文化中心、宣传栏等，虚拟的文化阵地主要指网络空间。党内政治文化阵地指的是党内政治文化传播的场域。常见的党内政治文化发展实体阵地主要有党刊党报、党群服务中心、党建共享空间、党员活动室、支部活动室、红色纪念馆和博物馆等，虚拟阵地主要有"学习强国"手机客户端和各级各类党媒的"三微一端"。总的来看，党内政治文化阵地建设初见成效。但党内政治文化不是孤立存在的，而是中国特色社会主义文化的重要组成部分，党内政治文化阵地也不是孤立存在的，而是作为全社会文化阵地的一部分。随着信息技术迅猛发展，网络空间已经成为经济社会发展的重要推动力量，各类社会思潮在网络空间日益活跃，不断冲击文化阵地，严重干扰网民认知、动摇中国特色社会主义"四个自信"，对党内政治文化发展产生消极影响。

当前，社会思潮呈现出复杂的发展态势：一是观点相互交织，二是形态更加隐匿。就观点相互交织而言，过去一段时间，民粹主义、贸易保护主义、科技至上主义、历史虚无主义、无政府主义等社会思潮发展出各自的代表性观点，如民粹主义过分强调社会的绝对平等，贸易保护主义强调地域利益的有限性、排斥全球化，科技至上主义高举"科技无国界"的旗帜、认为科学技术发展将直接主宰人类命运，历史虚无主义号称"历史是个任人打扮的小姑娘"、肆意描绘历史、抹黑党史英雄人物，无政府主义提倡个人绝对自由、否定一切权威等。但随着网络空间信息传播呈去中心化、碎片化等趋势，社会思潮表现出观点相互交织的状况，辨识度有所降低。就形态隐匿而言，过去一段时间，大部分社会思潮都是以"显性"形态出现的，旗帜鲜明地表达自身的观点。随着正面舆论宣传不断做大做强和网络空间治理不断增强，社会思潮纷纷改变自身形态，从"明枪"转变为"暗箭"，存在形式更加隐蔽、活动范围更加广泛、观点表达更加晦涩和混淆，更具有欺骗性和迷惑性。

从内容分析，现阶段社会思潮以生活化叙事为主，借助社会热点事件表达自身观点，将自身诉求隐藏在话语和叙事当中，部分社会思潮"带节奏""挑气氛"的倾向较为明显，呈现出较强的诱导性。

从话语风格分析，现阶段社会思潮在话语表达上分化为多种方式。一是"精英话语"和"平民话语"逐渐成型。"精英话语"通常立意较高、思维抽象且较为小众，使用"精英话语"的网民崇尚西方，说话盛气凌人，充满优越感，如使用"我当年在英国的时候……""我在美国的朋友告诉我……"等句式，显示自己的与众不同。"平民话语"和"精英话语"相反，表现在话语使用的普遍性与大众化，尽可能多地覆盖网民的知识水平和认知能力，用平易近人的话语来表达观点而不是用居高临下的姿态颐指气使。二是尝试使用"学术话语"。

这种"学术话语"并不是一般意义上的学术研究表达范式和通行规则，而是社会思潮打着"学术研究"的幌子表达自身观点，通过学术外衣掩盖真实的政治意图，以权威、专家或"业内人士""知情人"的形象诱导网民。

从信息发布主体分析，现阶段社会思潮传播呈现出私人化、平民化、普泛化和自主化的趋势，意见领袖是最主要的传播主体和信息来源。所谓意见领袖，指的是发布的信息能够产生广泛影响，并且能够直接或间接左右多数人态度的少数人。第一类意见领袖是少部分"公知"，他们热衷于参与公共话题讨论并有极大影响力，在表达意见过程中"逢中必踩"，不断散布"西方至上论""民主万能论""体制原罪论""中国崩溃论"等引导性和批判性言论，扰乱正常的网络传播秩序。第二类意见领袖是网络"大V"，即在微博平台上获得个人认证、粉丝众多的用户。在社会思潮传播中，"大V"的作用在于"赚流量""带节奏""刷存在感"，通过"制造反差"获得更多的粉丝关注，引导网络舆论向既定方向运行。

总的来看，形形色色社会思潮的传播污染了网络空间生态，影响了部分网民对中国共产党的认知，部分党员干部也沉浸在所谓的"独家观点""独家解说"当中，将道听途说、无中生有、含沙射影等不正之风带到党内，对党内政治文化发展产生消极影响。

（三）歪风邪气侵蚀党内政治文化内核

文化内核包含了文化的核心价值、基本原则和典型特征，是一种文化体系最深层、最根本的部分。文化内核是文化认同和传承的基础，对文化发展与身份认同具有决定性影响。党内政治文化内核指的是在党内政治生活中形成的，为全体党员所认同和遵从的核心价值观、政治理念、道德规范和行为准则的总和。党内政治文化内核包括党的理想信念、价值追求、政治立场、道德规范、行为准则、组织原则、纪律要求和工作作风等，是党内政治文化的精髓和核心，对党的建设和发展具有根本性、全局性的影响。现阶段，党内政治文化发展受到官本位思想、"圈子文化"和"潜规则"等庸俗腐朽的思想文化消极影响。

第一，官本位思想诱发官僚主义作风和特权意识。官本位思想与民本位思想相对应。所谓官本位，指的是将"官"作为衡量一切的尺度，用官职大小、职位高低评价人生价值和社会地位。中国俗语中的"达官贵人""官大说话有分量"等都是官本位思想的体现。现阶段，党内个别党员干部仍然存在官本位思想，如个别人认为"当官了"，形式主义、官僚主义作风仍然存在，个别人甚至以"父母官"自诩，"讲话念稿子、说话摆架子、做事装样子"，官本位思想导致理论脱离实践、党员脱离群众、政策脱离实际，是党内政治文化发展的重要阻碍。

第二，"圈子文化"引发党内同志关系异化。"圈子"古已有之，宋代文学家欧阳修曾在《朋党论》中对朋党的严重危害进行分析，得出若干朝代都亡于朋党的结论。这里说的"圈子文化"，指的是党内部分人利用血缘、学缘、单位、部门、地域等因素区分人与人之间的亲疏远近，形成一个个小团体。这些小团体将党内同志关系异化为金钱关系、利益关系、裙带关系，用损害党和人民利益的方式来保护小团体的利益。总的来看，虽然"圈子"形形色色，"圈子文化"手段和目的各有不同，但大都离不开以金钱相勾结、以升迁相依附。不管是何种形式的"圈子"，都违背党的政治原则、组织原则和党的纪律，是党内政治文化发展的阻碍，应该坚决予以清除。

第三，"潜规则"破坏党的原则和纪律。"潜规则"指的是那些在正式规章制度之外，但实际上被广泛认可和遵循的非正式规则或行为准则。这些规则通常不会被明文规定，但在特定的社会环境、组织或群体中，却具有实际的影响力和约束力。当前，"潜规则"在党内仍然存在，主要表现为政治生活中以批评之名行吹捧之实、民主生活会避重就轻、将对个人的批评大而化之。在选人用人过程中大张旗鼓走程序、名正言顺行私权，表面合法合规、私下暗度陈仓。在制定决策时不唯实、不唯下、只唯上，以所谓的"开会"代替组织程序，以个别人的想法代替组织意志。"潜规则"导致党的原则和纪律被破坏，导致党内规章制度虚化，对党内政治文化发展消极影响极大，必须坚决清除。

第四章

发展积极健康的党内政治文化的目标原则

　　发展积极健康的党内政治文化需要有目标指引和原则遵循。其中，目标指引回答的是党内政治文化"向何处去"的问题，原则遵循回答的是党内政治文化"如何发展"的问题，两者共同构成发展积极健康的党内政治文化的基本思路。

一、发展积极健康的党内政治文化的目标方向

"发展积极健康的党内政治文化"是以习近平同志为核心的党中央提出的关于党内政治文化发展的重大战略部署，为新时代党内政治文化发展明确了目标。

总的来看，发展积极健康的党内政治文化应该以坚定党员理想信念和崇高追求为出发点，以规范党内政治生活和涵养党内政治生态为着力点，以加强党的领导和培养合格党员为落脚点。

（一）以坚定党员理想信念和崇高追求为出发点

坚定的理想信念和崇高的价值追求是发展积极健康的党内政治文化的题中之义。党的十九大报告强调："弘扬忠诚老实、公道正派、实事求是、清正廉洁等价值观，坚决防止和反对个人主义、分散主义、自由主义、本位主义、好人主义，坚决防止和反对宗派主义、圈子文化、码头文化，坚决反对搞两面派、做两面人。"[1] 十六字的共产党人价值观既是对广大党员政治品格、为人做事、为民服务的要求，也是党员坚定理想信念的重要遵循。

第一，对党忠诚老实。这一要求是中国共产党党员的必备品质，意味着党员必须对党绝对忠诚、言行一致，具体包括以下几方面：

在思想上，党员应该坚定"四个自信"，增强"四个意识"，坚决

---

[1] 习近平：《决胜全面建成小康社会 夺取新时代中国特色社会主义伟大胜利——在中国共产党第十九次全国代表大会上的报告》，人民出版社 2017 年版，第 63 页。

做到"两个维护"，深刻领悟"两个确立"的决定性意义，始终同党中央保持高度一致，认真贯彻落实党中央决策部署。

在行为上，党员应该自觉维护党的利益，积极投身中国式现代化建设、积极为全面建成社会主义现代化强国服务，积极投身中华民族伟大复兴事业，在工作中勇于担当、敢于负责，不推诿、不懈怠，时刻以党中央要求作为自身行动指南，尽职尽责、服务人民。在诚实守信方面，党员应该以诚信为本，做到言行一致、表里如一，如实向党组织说明个人事项，不隐瞒自己的行为，不欺骗组织。此外，诚实守信还表现在党员积极维护党组织形象与信誉方面。在维护党组织的团结和统一方面，党员要做到不搞"两面派"、不做"两面人"，时刻保持政治清醒和立场坚定，始终站在党和人民的立场上看问题、办事情，正确处理个人利益与集体利益的关系，时刻维护党的团结统一。在批评与自我批评方面，对党忠诚老实的价值取向要求党员时刻反省与检视自身缺点与不足，不断加强学习，改进工作方式方法。此外，党员还应该虚心接受其他同志的批评与建议，不断完善自身。

第二，为人公道正派。公道正派意味着为人正直、公平无私、不偏不倚，是中国共产党党员必备的政治品格。习近平指出："我们要坚持德才兼备、以德为先，坚持五湖四海、任人唯贤，坚持事业为上、公道正派，坚决防止和纠正选人用人上的不正之风，把党和人民需要的好干部精心培养起来、及时发现出来、合理使用起来。"① 以上论述为党员干部为人公道正派指明了方向。一方面，党员在处理各类问题时应该坚持原则，不能徇私情、走后门，更不能歧视个人或群体，不能因私利违背原则、因私心处事有失公平。另一方面，公道正派意味

---

① 习近平：《在庆祝中国共产党成立 95 周年大会上的讲话》，人民出版社 2016 年版，第 24 页。

着党员应该贯彻落实党的群众路线，积极深入群众，了解群众的急、难、愁、盼，在与群众交往中用心倾听群众意见，不摆官架子、不搞形式主义，在群众工作中不断提高自我修养，提升自身道德水准和职业素养，真正做到全心全意为人民服务，努力解决人民群众的实际问题。只有党员为人公道正派，党内政治文化才能正气充盈、积极向好。

第三，办事实事求是。实事求是既是中国共产党思想路线的重要组成，也是中国共产党价值观的重要要求。党的十八大以来，党中央以"三严三实"严格要求全党，其中，谋事要实、创业要实、做人要实就是实事求是在党内政治文化中的具体体现。所谓谋事要实，指的是在谋划工作时要深入实际、了解真实情况，通过实地调研、听取群众意见等方式方法获取第一手资料，确保决策的科学性、计划的可行性、政策的持续性。所谓创业要实，指的是党员要脚踏实地、真抓实干，敢于担当责任，勇于直面矛盾，善于解决问题，努力创造经得起实践、人民、历史检验的实绩。这里所说的"创业"并不是泛指，而是特指党员要实干事、敢干事、善干事、干成事。这既是党员必备的政治品格和行动准则，又是党员的成事之要。所谓做人要实，就是要对党、对组织、对人民、对同志忠诚老实。踏踏实实做事、明明白白做人，不"为官不为"，在其岗必须履其职。不虚情假意，为人公道正派。党员要做到老实做人、做老实人，踏实做事、做踏实事，真实干事、干真实事。总之，实事求是是党员干部必须始终坚持的价值观和行为准则。通过深入实际、真抓实干、老实做人，党员干部能够不断提高自身的政治素养和工作能力，对党内政治文化发展起到积极的能动作用。

第四，为官清正廉洁。清正廉洁是中国共产党优良的政治传统和追求，也是党员干部廉洁自律的要求。从早期的中央苏区时期，党员们自备粮食办公，到延安时期边区政府的清廉形象与国统区的腐败形成鲜明对比，中国共产党始终以其清廉形象赢得人民的支持和信任。新时代，面对中华民族伟大复兴的历史重任，中国共产党需要弘扬清正廉洁价值观，以此凝聚民心、汇聚奋进力量。党的十八大以来，党中央以坚定的决心和切实行动，推动了反腐败斗争的深入开展，以"零容忍""全覆盖""无死角"的理念，坚决惩治腐败现象。一系列"老虎""苍蝇"纷纷落马，不仅彰显了党对腐败的零容忍态度，也为党员干部提供了深刻的警示：贪腐必受惩处，伸手必被抓。坚决惩治腐败打击的不仅仅是贪腐行为，更是对党内清正廉洁政治文化的弘扬与发展。在反腐大环境中，一心为民、踏实干事的好干部得到了褒奖，更加自觉地维护党内政治生态，使清正廉洁价值观深深扎根在党员心中。然而，保持清正廉洁是一项长期而艰巨的任务。新时代发展积极健康的党内政治文化，必须将弘扬清正廉洁的价值观作为常态化工作，与反腐败斗争同步推进。这要求党员干部不断加强自我修养，提高廉洁自律的自觉性，并通过教育、宣传、监督等多种方式，全面增强廉洁意识和自律能力。

（二）以规范政治生活与涵养政治生态为着力点

发展党内政治文化是党的十八届六中全会提出的重大命题，党的十九大、十九届三中全会、十九届四中全会等会议对党内政治文化的内容、属性等根本问题作出界定与回答，形成一系列关于党内政治文化发展的新概念、新表述、新范畴，创新和发展了马克思主义政党理论。党中央提出发展积极健康的党内政治文化源于世情、国情、党情的深刻变革，具有重要现实意义。在党内政治文化发展过程中，规范政治生活与涵养政治生态起着支撑作用。

党的十八大以来，以习近平同志为核心的党中央高度重视管党治党过程中的"宽松软"问题，从规范政治生活、转变工作作风入手，加强党内集中教育，强化对党员干部的监督，以零容忍的态度反腐肃贪，对腐败分子形成强烈震慑，使党风、政风发生转变，社会风气焕然一新。党的十八届六中全会前，我国形成反腐压倒性态势，以党内法规建设助推"不能腐"初步实现，"不敢腐"的党内氛围已经建立，但"不想腐"的心理和文化尚未形成，一些深层次问题未得到根本解决。对此，应该进一步规范党内政治生活，涵养风清气正的政治生态，促进党内政治文化建设。

在全面从严治党的大环境下，庸俗腐朽的党内政治文化的生存空间进一步受到挤压，但这些不良文化在少部分党员中仍然有市场，甚至个别党员将其当成职务升迁的"秘籍"与"规则"。这些不良政治文化解构党内正常的同志关系，污浊党内政治生态，制约党组织的功能发挥，极个别地方甚至出现系统性和塌方式腐败，对党的形象产生负面影响。此外，从国际层面分析，百年未有之大变局下，国际政治经济格局经历深刻调整和变化，国与国之间的交往互动日益频繁，文化交织、交融、碰撞与融合成为常态。部分西方国家奉行"西方中心论"，试图在全球范围内推广其所谓的"普遍价值"，这对其他国家和地区，尤其是发展中国家的文化自主性构成了挑战。同时，改革开放40多年来，中国社会正处于前所未有的历史转型期，人们的思想观念、价值取向和行为方式日益多元，社会变迁和代际更替使得个体的独立性和个性化日益凸显，市场经济中的等价交换原则也在一定程度上影响了党内政治生活，个人主义、实用主义、拜金主义和享乐主义的倾向有所增加，而集体主义、奉献精神和中华优秀传统美德有被淡化的风险。在上述背景下，发展积极健康的党内政治文化，对于规范党内政治生活、涵养政治生态具有十分重要的意义。

从本质上分析，党内政治文化属于社会意识范畴，这种范畴是党内政治生活的历史的总体反映与集合，根植于社会的物质基础，贯穿于党的政治纲领、路线、政策和行动之中，通过对政治权力、组织结构和制度安排的内在规定，成为党组织运作的文化机理，潜移默化地影响党和国家政治生活的方向和进程。因而，政治文化是政治生活的沉淀与升华，对政治生态具有潜移默化的影响，政治生态则是政治生活的表征，为政治生活提供空间环境，三者之间相辅相成和辩证统一。

从这个意义上分析，党内政治文化是党的根基与力量的重要来源，是全体党员的共有精神家园，直接影响着党员的思想观念和行为模式，影响着集体凝聚力和稳定性，影响着政党长期发展和行稳致远。因此，党内政治文化发展是意义深远的基础性、全局性、系统性工作，必须持续推进、久久为功。通过发挥党内政治文化的引导、激励和规范作用，潜移默化地规范政治生活和涵养政治生态，才能为全面从严治党提供坚实支撑。

（三）以加强党的领导和培养合格党员为落脚点

党的二十大报告指出："中国特色社会主义最本质的特征是中国共产党领导，中国特色社会主义制度的最大优势是中国共产党领导，中国共产党是最高政治领导力量，坚持党中央集中统一领导是最高政治原则。"① 这一科学论断将党的领导提高到了全新高度，揭示了中国式现代化的本质特征，成为新时代党的建设的根本原则，是发展积极健康的党内政治文化的重要指引。

从政治学的视角分析，中国共产党不仅是中国工人阶级的领导核心，也是中国人民和中华民族的先锋队。中国共产党双重角色的使命

---

① 习近平：《高举中国特色社会主义伟大旗帜 为全面建设社会主义现代化国家而团结奋斗——在中国共产党第二十次全国代表大会上的报告》，人民出版社2022年版，第6页。

与担当，源于马克思主义政党特有的凝聚力和向心力。马克思主义政党通过传承和发展党内政治文化，培育党员坚定的政治信仰和政治立场、优良的作风和实事求是的态度，从而在党内确立权威与服从的政治关系，确保党的意志得以贯彻执行。同时，党通过制定路线、方针和政策，建立与群众的血肉联系，以党员的高尚品格和实际行动影响群众，不断扩大党在群众中的政治影响力，实现政党权威的延伸与巩固。因此，党内政治文化为马克思主义政党的生存与发展提供信仰支撑，对于党的权威的认同、权力的实施至关重要，是坚持和加强党的领导的重要基础。面对新时代新征程，立足中国共产党的使命任务，必须紧紧围绕加强党的领导这一党内政治文化发展的核心，确保党始终走在时代前列、得到人民衷心拥护。

从文化学的视角分析，文化属于社会意识范畴，是人们在认识世界和改造世界的实践过程中对客观世界的主观反映的集合。作为文化创造者、继承者和传播者，人们继承的思维方式、行为模式和政治观念等文化形态对下一代人有直接影响。中国共产党是由一代又一代党员组成的，党员承担着承继接力、继往开来的重要使命，承担着传承发展党的优良传统、宝贵经验和先进文化的重要使命，党员群体的形塑对保持党的先进纯洁至关重要。通过培育合格党员，提升党员的政治判断力、政治领悟力和政治执行力，有助于加强和巩固党的执政地位、夯实党的执政根基，为发展积极健康的党内政治文化打下扎实基础。

二、发展积极健康的党内政治文化的基本原则

发展积极健康的党内政治文化是思想建党、理论强党的必然要求，是新时代推进党的建设新的伟大工程的应有之义。总的来看，发展积

极健康的党内政治文化需要遵循守正与创新相统一、批判与建构相统一、与目标导向与问题导向相统一的基本原则。

（一）守正与创新相统一

党内政治文化并非一成不变的教条，也并非固定的文化形态，而是随着管党治党要求不断变化的动态的、发展的文化系统。马克思主义认识论认为，事物的发展是历史性和现实性相统一的。这里说的历史性，指的是事物发展特定的历史背景、社会环境和实践条件，而现实性则是指新的条件和背景下如何认识事物、看待事物、改造事物。就党内政治文化发展而言，应当在总结和回顾中国共产党党内政治文化发展历程的基础上，传承借鉴宝贵经验，在此基础上结合新时代党内政治文化的发展要求，做到守正与创新相统一，加强党内政治文化发展的理论深化、实践拓展与制度完善，确保党内政治文化发展与管党治党同向同行、耦合增效。

1. 继承党内政治文化发展的优良传统

研究历史、学习历史，从历史中汲取智慧和前进动力，既是中国共产党的独特优势，也是党永葆初心使命的重要原因。党内政治文化不是从来就有的，而是在中国共产党带领人民进行革命、建设和改革的伟大实践中不断孕育、丰富和发展的。新时代发展积极健康的党内政治文化，需要"不忘来时路"，从党内政治文化发展的长时段中提取宝贵经验、吸收历史智慧、继承优良传统。

第一，继承理想信念教育的优良传统。理想信念教育是马克思主义政党的鲜明特征，也是中国共产党的优良传统和重要标识。牢牢把握理想信念教育的主导权和主动权，是中国共产党团结一致、从胜利不断走向新的胜利的重要法宝。新民主主义革命时期，中国共产党深刻认识到理想信念教育的重要性，不断加强党员干部的理论学习和政治素养。社会主义革命和建设时期，中国共产党进一步强化思想建设、组织建设和作风建设，强调坚定共产主义远大理想、投身国家建设浪潮，不断密切党和人民的血肉联系。改革开放和社会主义现代化建设新时期，面对错综复杂的国际局势，尤其是西方价值观的冲击，中国共产党强调思想政治工作的极端重要性，强调理想信念教育在思想政治工作中的特殊地位，不断推进理想信念教育，提升党的先进性和纯洁性。在不同历史时期，正是由于党高度重视理想信念教育，才能使其成为党内政治文化发展的重要推动力量。进入新时代，党内政治文化发展面临一系列新问题，但理想信念教育的优良传统不能丢，通过理想信念教育促进党内政治文化发展的独特优势也不能丢。习近平强调："理想信念就是共产党人精神上的'钙'，没有理想信念，理想信念不坚定，精神上就会'缺钙'，就会得'软骨病'。"① 面对极少数党员干部理想信念不够坚定、规矩宗旨意识不够明确等问题，我们应该加强理想信念教育，帮助党员干部拧紧世界观、人生观、价值观的"开关"，守好底线、不踩红线，通过坚定理想信念、筑牢精神堤坝、站稳政治站位的方式促进党内政治文化发展。

第二，继承党内法规制度建设的优良传统。党内法规因党而生、因党而立、因党而兴。中国共产党是靠革命理想和铁的纪律组织起来的马克思主义政党，历来重视党内法规制度建设，注重运用党内法规制度管党治党、提高党的执政能力和领导水平。1921 年 7 月，党的一大通过中国共产党第一个纲领，这是党的历史上第一部党内法规。1922 年 7 月，党的二大通过《中国共产党章程》，党从此有了自己的根本大法。经过革命、建设、改革各个历史时期的不断探索，中国共

---

① 中共中央文献研究室：《习近平关于全面从严治党论述摘编》，中央文献出版社 2016 年版，第 57 页。

产党形成了比较完善的党内法规体系，为坚持和加强党的全面领导，坚持党要管党、全面从严治党提供了坚强制度保障，为党内政治文化发展提供了有益借鉴。新时代发展积极健康的党内政治文化需要借鉴中国共产党成立至今坚持制度治党、依规治党的宝贵经验。党的十八大以来，以习近平同志为核心的党中央着眼统揽伟大斗争、伟大工程、伟大事业、伟大梦想，就制度治党、依规治党作出一系列重大决策部署，推动党内法规制度建设取得历史性成就。实践证明，党和国家事业取得伟大成就、党的建设更加坚强有力，同党内法规制度建设密不可分。新时代发展积极健康的党内政治文化，应该充分重视党内法规的独特价值，发挥其在规范行为、强化纪律、保障民主、促进监督、增强党的凝聚力和培养党员自觉性方面的价值，不断巩固党内政治文化发展的制度基础。

2. 创新党内政治文化发展的方式方法

创新是一个国家、一个民族发展进步的不竭动力。党的十九届六中全会通过的《中共中央关于党的百年奋斗重大成就和历史经验的决议》将"坚持开拓创新"概括为党百年奋斗的十条历史经验之一。越是伟大的事业，越充满艰难险阻，越需要艰苦奋斗，越需要开拓创新。党的二十大报告强调："坚持创新在我国现代化建设全局中的核心地位。"① 以上论述为发展积极健康的党内政治文化提供了重要遵循。中国特色社会主义进入新时代，我们面临的世情、国情、党情和之前的几个历史时期相比有了较大差别，应该革故鼎新、勇于开拓用新的思维、新的理念、新的方法解决新的问题，创新党内政治文化发展的方

---

① 习近平：《高举中国特色社会主义伟大旗帜　为全面建设社会主义现代化国家而团结奋斗——在中国共产党第二十次全国代表大会上的报告》，人民出版社2022年版，第35页。

式方法。

第一，用党的理论创新推动党内政治文化发展。时代是思想之母、实践是理论之源，理论既是实践的升华，同时也是行动的先导。党内政治文化发展需要以党的创新理论为指导。习近平新时代中国特色社会主义思想是中国共产党理论创新的最新成果，是当代中国马克思主义、21世纪马克思主义。党的十八大以来，习近平在多个场合对党内政治文化作出重要论述，形成一系列关于党内政治文化发展的新论断，是新时代党内政治文化发展的根本遵循。发展积极健康的党内政治文化必须强化理论武装，认真学习习近平新时代中国特色社会主义思想，特别是习近平关于党的自我革命、党员干部教育等方面的重要论述，将党的创新理论融入实际工作中，不断坚定理想信念、站稳人民立场、强化政治意识、锤炼党性修养，始终自觉在政治立场、政治方向、政治原则、政治道路上同以习近平同志为核心的党中央保持高度一致。

第二，用党的制度创新推动党内政治文化发展。坚持思想建党和制度治党相结合是新时代推进全面从严治党的显著特征。其中，思想建党事关党的建设的方向，制度治党是思想建党的重要保障。具体到党内政治文化发展层面，要将思想建党与制度治党相结合，充分发挥党内法规的强制性和执行力，推动制度治党常态化、长效化，为党内政治文化发展提供制度保障。一方面，要通过党内法规建设推动党内政治文化发展，通过党内法规将优秀的党内政治文化上升为集体意志，让全体党员共同遵守、执行。另一方面，通过党内法规祛除庸俗腐朽的党内政治文化，充分净化党内政治生态，确保党内政治文化的严肃性和纯洁性。

第三，用党的实践创新推动党内政治文化发展。党的十八大以来，中国共产党通过一系列实践创新开辟管党治党新境界，为党内政治文化发展提供了重要参考。一方面，要创新党内政治文化发展的方式，将党内集中教育与党员日常学习相结合。要加强党内集中教育，充分利用集体学习、主题党课、党组织生活等方式推动党内政治文化发展，也要督促党员干部带头开展日常学习，将党内政治文化发展融入党员干部的工作生活，实现集中教育与日常学习的有机统一。另一方面，要创新党内政治文化发展的载体。随着信息技术飞速发展，互联网已经成为推动我国经济社会发展的重要力量，成为党员干部日常工作的重要组成。党内政治文化发展应该形成线上线下并行的局面，使网络空间与现实社会协同联动。以中宣部、中组部联合推出的"学习强国"手机客户端为例，该应用内容丰富、形式多样，涵盖习近平系列重要讲话、党史党建基本知识、理论学习系列文章和时政新闻等内容，方便党员干部利用碎片化时间阅读学习。此外，全国部分地区的党史纪念馆、博物馆开通了网上平台账号，推出一系列党史学习视频，成为党内政治文化发展的新形式。

（二）批判与建构相统一

批判强调的是对事物的否定和扬弃，建构强调的是对事物的肯定与发展，发展积极健康的党内政治文化需要遵循批判与建构相统一的原则。这里说的批判，注重的是对事物的"破"，建构注重的是对事物的"立"，"破"指的是对事物的损坏、分裂、消除，"立"关注事物的建立和存在。所谓不破不立、不立不破、破中有立、立中有破，事物的发展都是在"破"与"立"的相互转换中实现的。

"破"与"立"作为事物发展的基本方式，其表现形式与实现方式是多样的，常见的有先破后立、先立后破以及边破边立三种。三种方式有不同的使用场景与运用条件，在实际运用中都具有理论和实践的合理性。

在事物发展过程中，不破不立与先破后立是最常见的变革方式。

先破后立指的是先打破事物已有的模式，再建立新的体制机制，这种方式的优点是时间顺序明确、运行逻辑清晰，缺点是"破"与"立"之间存在明显的空当，有可能增加事物变革的风险和不确定性。与先破后立相比，先立后破更为稳妥，这一方式强调在旧有格局还未被打破的基础上生成新的体制机制，较大程度降低新旧交替带来的风险与动荡，有助于将风险和难度降到最低，但是破立间的新旧转换往往意味着发展的不确定性和预测的相对性，使"破"与"立"转换的风险大大增加。与上述两种方式相比，边破边立是最理想的状态。这一方式更加注重"破"与"立"的逻辑关系，强调"破"因"立"而来、"立"为"破"而行，实现了"破"与"立"转换的无缝对接。但这一方式大多停留在理论层面，在实践中有较大难度，如"破"是否是"立"的必要条件，"立"是否是"破"的必然结果，二者之间逻辑上的因果联系和时间上的顺承关系应该如何界定等，有可能"破"所带来的各种不确定性因素提前或集中呈现，从而进一步加大"立"的难度，有可能使边破边立变成"破了不立"或者"破不到位、立不到位"的困境。总的来看，先破后立、先立后破、边破边立三种方式各有所长、侧重不同，但每种方式都存在局限和不足，在事物发展过程中，应该坚持实事求是、具体问题具体分析，一切从实际出发，灵活运用三种方式，才能使"破立并举"产生最大成效。

具体到党内政治文化发展，针对厚黑心理、人治思维、官本位思想、山头主义、圈子文化等庸俗腐朽的党内政治文化，应该精准施策，以"破"为突破口、以"立"为落脚点，强化"破"的针对性与"立"的目的性，在"破"的基础上"立"，在"立"的方向下"破"，将"破"与"立"有机结合，做到二者相辅相成、同频共振。只有先找准问题所在，对庸俗腐朽的党内政治文化进行严肃批判，破除这些文化的存在土壤和生存空间，才能为发展积极健康的党内政治文化奠定扎实基础，才能真正使"破"成为"立"的基础，"立"成为"破"的目的，实现"破"与"立"的良好衔接、实现批判与建构的辩证统一。

（三）目标导向与问题导向相统一

目标是行动的指南，问题是变革的方向。将目标与问题相结合，坚持目标导向和问题导向相统一，是中国共产党在革命、建设和改革中的重要工作方法，也是发展积极健康的党内政治文化所遵循的重要思维方式。习近平指出，坚持目标导向和问题导向相统一，就是"既要以目标为着眼点，在统筹谋划、顶层设计上下功夫，以增强方向感、计划性；又要以问题为着力点，在补短板、强弱项上持续用力，以增强精准性、实效性"①。以上论述深刻阐明了目标导向与问题导向的关系，是发展积极健康的党内政治文化的重要遵循。

1. 发现并正视目前党内政治文化发展过程中存在的问题

勇于直面问题、主动改正错误是中国共产党的优良政治基因和自我革命的重要法宝。习近平指出："我们党除了国家、民族、人民的利益，没有任何自己的特殊利益。不谋私利才能谋根本、谋大利，才能从党的性质和根本宗旨出发，从人民利益出发，检视自己；才能不掩饰缺点、不回避问题、不文过饰非，有缺点克服缺点，有问题解决问题，有错误承认并纠正错误。"② 党的十八大以来，中国共产党党内政治文化发展取得一系列重要成就，推动管党治党进入新的阶段，但仍有不完善和不健全之处。发展积极健康的党内政治文化首先要深刻

---

① 习近平：《论坚持党对一切工作的领导》，中央文献出版社 2019 年版，第 317－318 页。

② 《越是长期执政，越不能丧失自我革命精神》，《人民日报》2019 年 6 月 27 日。

检视自身不足，只有找准问题所在，才能精准施策，更好地解决问题。

第一，极少数党员干部理想信念不够坚定，规矩意识和纪律意识不够强，世界观、人生观、价值观和政绩观出现一定程度的扭曲，庸俗腐朽的党内政治文化仍然存在。目前，党内政治文化发展状况整体向好，但家长制、官本位等惯性思维在一定范围内仍然存在，极个别党员干部、极少数党员群体当中的特权意识、家长心态、江湖习气和码头文化等情况尚未杜绝，"不信马列信鬼神、信大师""山头主义、团团伙伙""政治骗子、政治掮客"等不良政治文化在小范围内仍未彻底消除。此外，随着我国综合国力进一步提升，极个别党员干部忧患意识不突出，享乐主义、金钱至上等"潜规则"仍然存在。此外，极个别领导干部政治立场不坚定、理论学习不深入、工作态度不积极、人生目标不明确，滋生出"七个有之"的严重政治问题，损害党的形象和政府公信力，破坏党群关系，给党内政治文化发展带来负面影响。

第二，对党内政治文化发展的认识还需要进一步提高。发展积极健康的党内政治文化是一项系统工程，既需要有相应的制度作为支撑和保障，也需要广大党员干部进一步提升认识，对党内政治文化的组成、发展的方式方法和重大意义有全面认识。党的十八大以来，中国共产党党内政治文化发展成效明显，但仍有部分领导干部对这一管党治党的关键举措认识不够，个别党员干部对党内政治文化发展存在认知偏差，导致思想认识的提升与实践举措的推进不同步，出现思想认识与实践举措"两张皮"的情况，个别地方甚至出现"开会说一套、底下做一套"的不正之风，阻碍党内政治文化发展。

2. 以"积极健康"作为党内政治文化发展的目标

文化承担着以文化人、以文育人的作用，是引领社会发展方向的重要力量。同样，党内政治文化既是一个政党的鲜明标识，也是引领政党发展的重要旗帜。党的二十大报告指出："经过十八大以来全面从严治党，我们解决了党内许多突出问题，但党面临的执政考验、改革开放考验、市场经济考验、外部环境考验将长期存在，精神懈怠危险、能力不足危险、脱离群众危险、消极腐败危险将长期存在。全党必须牢记，党的自我革命永远在路上，决不能有松劲歇脚、疲劳厌战的情绪。"① 党内政治文化在凝聚党的意志、使全党永葆初心方面具有独特价值。党的十八届六中全会、十九大对党内政治文化发展作出重要论述，将"积极健康"作为党内政治文化发展的重要目标，为党内政治文化发展指明了方向。

所谓"积极"，指的是党内政治文化的发展是向上的，不是消极的，明确党内政治文化发展的性质。积极的党内政治文化具有以下特征：一是充分体现中国共产党党性，彰显党全心全意为人民服务的根本宗旨，能够引导党员干部始终做到初心如磐、勇担使命，积极投身中国式现代化和中华民族伟大复兴事业。二是服务于全面从严治党，有助于从文化层面破解大党独有难题，解决党内突出问题，全面推进党实现自我净化、自我完善、自我革新、自我提高，为锻造新时代的中国共产党服务。所谓"健康"，指的是党内政治文化是风清气正的，明确党内政治文化发展的内在属性。健康的党内政治文化具有以下特征：一是坚决与庸俗腐朽的文化划清界限，与西方政党文化划清界限，能够体现中国共产党的大党形象。二是以先进、纯洁为发展方向，能够净化党员政治灵魂、提升党员政治素养、强化党员政治认同，成为增强中国共产党凝聚力和战斗力的重要方法，为党的发展提供精神动力。

---

① 习近平：《高举中国特色社会主义伟大旗帜　为全面建设社会主义现代化国家而团结奋斗——在中国共产党第二十次全国代表大会上的报告》，人民出版社2022年版，第63-64页。

第五章

发展积极健康的党内政治文化的实现路径

党内政治文化发展是一项系统工程，涉及多个方面。具体来说，要夯实发展基础、强健发展主体、优化发展环境和强化发展保障，从多方面、多维度同时发力，推动党内政治文化有序、长效发展，推动新时代党的建设新的伟大工程取得更大胜利。

一、夯实党内政治文化的发展基础

基础不牢、地动山摇。夯实基础是发展的关键，是确保发展稳定、可靠和可持续的重要环节。只有以马克思主义科学理论引领发展方向，以中华优秀传统文化厚植发展根基，以革命文化疏浚发展源头，以社会主义先进文化扩充发展内核，才能使党内政治文化的发展基础牢固可靠。

（一）以马克思主义科学理论引领党内政治文化发展方向

马克思主义是我们立党立国的指导思想，是党内政治文化发展的根本遵循。发展积极健康的党内政治文化，要以科学的态度对待马克思主义、用马克思主义筑牢理想信念基石，充分发挥马克思主义的科学引领作用。

1. 采取科学的态度对待马克思主义

什么是马克思主义，或者说马克思主义是什么，这是采取科学态度对待马克思主义必须回答的问题。从一般意义上分析，马克思主义就是马克思和恩格斯创立的，包括他们的后继者所发展的，关于无产阶级和全人类解放的学说。但在实际运用中，马克思主义的定义并不局限于此，特别是马克思主义的运用总是随着时代背景和实践条件不断变化。只有以科学的态度对待马克思主义，以实事求是的态度运用马克思主义，才能充分发挥马克思主义在党内政治文化发展中的引领作用。2016 年，习近平在哲学社会科学工作座谈会上的讲话中提及对待马克思主义的态度时，着重强调了"四个不能"，即对待马克思主义，不能采取教条主义的态度，不能采取实用主义的态度，不能把马克思主义政治经济学当作过时的理论，对马克思主义的学习和研究，不能采取浅尝辄止、蜻蜓点水的态度。以上重要论述既总结了中国共产党过去如何对待马克思主义，又阐明了中国共产党现在和未来应该如何对待马克思主义，也为党内政治文化发展要如何对待马克思主义提供了重要借鉴。

第一，将马克思主义的科学性与人民性相结合。马克思主义既包括马克思主义哲学、政治经济学和科学社会主义的一般理论，还包括科学的世界观和方法论，如市民社会运动规律的反映、资本主义和资产阶级的批判、无产阶级解放的探讨、共产主义社会的憧憬等方面。在众多内容中，一条重要隐喻就是对人的利益的追求，即人民性的体现，这也是马克思主义区别于其他学说的重要标志。在党内政治文化发展中，应该将马克思主义的科学性与人民性相结合，明确党内政治文化发展的根本目的是维护人民利益，党内政治文化发展离不开人民的参与和监督，要实现二者的内在统一。

第二，将马克思主义普遍真理转化为党内政治文化发展的具体方式方法。理论联系实际、具体问题具体分析，既是对待马克思主义的科学态度，也是用马克思主义指导党内政治文化发展的重要原则。马克思主义蕴含着认识世界和改造世界的方法，但如果机械地、生硬地、不加任何分析就直接套用，只能将马克思主义教条化，削弱马克思主义的理论价值。一方面，要将马克思主义理论品格转化为党内政治文化的理论内核，如将马克思主义关于无产阶级利益的论述和中国共产党的自我革命相结合，将马克思主义关于无产阶级政党先进性和纯洁性的论述与党内政治文化发展的目标相结合，将马克思主义关于无产阶级政党建设的学说与党内政治文化发展的制度与导向相结合，将马克思主义对党内政治文化发展的引领落实落地。另一方面，用马克思主义解决党内政治文化发展过程中的实际问题，如明确党内政治文化的发展方向、发展动力、发展目标和发展方式等，明确党内政治文化的历史脉络和内在组成等。通过运用马克思主义解决实际问题，彰显马克思主义在党内政治文化发展中的真理性。

2. 用马克思主义筑牢理想信念基石

马克思主义深刻揭示了人类社会发展规律，阐明了人类历史的前进方向，以科学的世界观和方法论为我们提供了认识世界和改造世界的强大思想武器。新时代，尽管国际形势和国内环境发生了深刻变化，但马克思主义的真理性和科学性仍然具有强大生命力。用马克思主义筑牢理想信念基石，要求我们深刻理解马克思主义的科学性和时代性，不断增强对马克思主义的信仰、对中国特色社会主义的信心以及对中华民族伟大复兴的憧憬。

马克思主义不是一成不变的教条，而是不断丰富和发展的科学理论。中国共产党将马克思主义基本原理同中国具体实际相结合，形成了中国特色社会主义理论体系。这一理论体系，既坚持了马克思主义的基本原则，又具有鲜明的中国特色和时代特征。用马克思主义筑牢理想信念基石，就是要深刻认识中国特色社会主义的历史必然性和科学真理性，不断增强道路自信、理论自信、制度自信和文化自信。

理想信念是中国共产党人的政治灵魂和精神支柱。用马克思主义筑牢理想信念基石，就是要引导党员干部深刻理解马克思主义的精髓和实质，不断提高运用马克思主义立场、观点、方法分析问题和解决问题的能力。党内政治文化与理想信念有密切关联。一方面，坚定理想信念是党内政治文化发展的重要内容；另一方面，党员干部理想信念坚定有利于营造党内政治文化发展的良好氛围。用马克思主义筑牢理想信念基石，需要将其与党内政治文化发展有机结合，坚持不懈用马克思主义武装头脑、指导实践、推动工作，引导党员干部树立正确的权力观、地位观、利益观和政绩观，抵制各种歪风邪气和不良文化的侵蚀，不断增强党的凝聚力和战斗力。

（二）以中华优秀传统文化厚植党内政治文化发展根基

中华优秀传统文化包含民为邦本、德法兼重、重规建制、尚贤重才、兼容并包、报国报民、修身内省等内在品质，是党内政治文化发展的重要借鉴。要以科学的态度对待中华传统文化，找准中华优秀传统文化与党内政治文化发展的契合点，用中华优秀传统文化厚植党内政治文化根基。

1. 以科学的态度对待中华传统文化

中华传统文化与中华优秀传统文化既有联系，又有区别。就联系而言，二者都是关于中华传统文化的概念称谓。这里说的传统，"传"指的是纵向历史的延续，"统"指的是横向内容的集合，"传"与"统"通过纵横交叉共同构成中华文化形态。中华传统文化历史悠久，早在先秦时期，儒家、道家、墨家的思想开始萌芽，《易经》《诗经》《尚书》等文献逐步问世。秦汉时期，我国有了统一的度量衡和文字，特别是汉武帝将儒家思想确立为国家意识形态，对国家发展产生了深远影响。魏晋南北朝时期，佛教传入中国，丰富和发展了传统中华文化。隋唐时期，我国对外文化交流交往逐渐增多，中华传统文化的世界影响力不断增强。宋元明清时期，理学成为新的学术流派，戏曲、小说等日益成熟，成为传统文化新的组成部分。

近代以来，中华传统文化开始进行现代化转型。19 世纪后期，一部分寻求国家出路的中国人开始将目光转向西方，从严复翻译《天演论》开始，中国知识分子进入接受西方观念的"黄金时期"。当时非西方的知识受众面对欧洲文化，几乎丧失了说"不"的能力。伴随强势文化的推演和"全盘西化"的出场，中华传统文化遭到否定和质疑。

1840 年鸦片战争后，"中国为何会挨打、向何处去"成为近代中国亟须回答的重要现实问题。在尝试回答该问题的过程中，一部分中国人认为应该向西方寻求救国之路，并将"西化"视为国家出路。为此，洋务派提出"师夷长技以制夷""中学为体、西学为用"的主张。维新派提出变法图强、发展资本主义经济的构想。新文化运动时期，中国知识分子开始频繁接触西方各类学说，"西化"也由器物层面、制度层面逐渐上升到思想文化层面。"全盘西化"的主张正是在这样的背景下提出的，以陈序经和胡适为代表的知识分子认为，中国的出路在于摒弃中华传统文化，全面接纳、全盘接受并充分内化西方文化，以改变中国落后挨打、积贫积弱的面貌。"全盘西化"的理论主张有以下几点：

第一，中国的问题就是文化的问题。"所谓中国的问题，可以说是十九世纪和二十世纪中一个至重要的问题。对于这个问题的认识，虽因各人的旨趣和立场的不同而各趋于差异，然而这个问题的解决，想可以说必要从文化上着手。"[1] 然而，从古代一直到近代，中国的文化"老实没有很大的变更"，"逐渐地已变成单调的文化"。[2] 陈序经在《东西文化观》中指出，与中国相比，西方文化处于快速发展和进步之中，中国在衣食、娱乐、体育运动、交通的设备、水道交通、航空、国防、政治、法律、道德、哲学、文学、科学、教育、农、工、矿、渔、盐、商、工业、艺术、美术、音乐、文字等方面都比不上西方。陈序经认为上述问题产生的原因，归根到底是因为中国文化落后于西方文化。

---

① 陈序经：《东西文化观》，中国人民大学出版社 2004 年版，绪论第 1 页。

② 陈序经：《东西文化观》，中国人民大学出版社 2004 年版，第 206 页。

　　第二，"全盘西化"是中国唯一的出路。陈序经等人提出，既然中国的问题就是文化的问题，那么改变中国的状况必须从文化入手，而中国文化又全面落后于西方，因此全面学习西方文化，走"全盘西化"道路成为中国的唯一出路。陈序经将西方文化定义为现代的文化和世界的文化，既然西方文化是现代的文化，各国都应该发展这种文化，中国也不能例外，同时，西方文化又是世界的文化，全世界都应该采纳这种文化，中国更应该如此。概括起来说，"假使中国要做现代世界的一个国家，中国应当采纳而且必需适应这个现代世界的文化"①。此外，中国已经具有"西化采纳的事实趋向"②，宗教、科学、教育、政治、法律、文化、道德、文学、艺术、娱乐都已经开始西化。"死的国故，把西洋的方法来注射，也会复活。孔孟有知，也要赞赏西洋文化之玄妙神通。"③ 陈序经提出，在当时的时代背景下，中国"真正的问题"并不在于是否"全盘西化"，而是"中国能否赶紧去做彻底和全盘西化"④，通过"全盘西化"，中国就能改变积贫积弱的社会面貌，实现和西方的并驾齐驱。

　　第三，"全盘西化"只能通过改革的方式实现。"全盘西化"的目的在于使中国战胜"贫穷、疾病、愚昧、贪污、扰乱"，建立"一个治安的，普遍繁荣的，文明的，现代的统一国家"⑤。要实现这个目的，有革命和演进（改革）两种方法，而在中国革命的方法行不通。胡适认为："今日所谓有主义的革命，大都是向壁虚造一些革命的对

---

　　① 陈序经：《东西文化观》，中国人民大学出版社2004年版，第193-194页。

　　② 陈序经：《东西文化观》，中国人民大学出版社2004年版，第182页。

　　③ 陈序经：《东西文化观》，中国人民大学出版社2004年版，第192页。

　　④ 陈序经：《东西文化观》，中国人民大学出版社2004年版，第226页。

　　⑤ 耿云志编：《中国近代思想家文库·胡适卷》，中国人民大学出版社2015年版，第710页。

象，然后高喊打倒那个自造的革命对象；好像捉妖的道士，先造出狐狸精山魈木怪等等名目，然后画符念咒用桃木宝剑去捉妖。妖怪是收进葫芦去了，然而床上的病人仍旧在那儿呻吟痛苦。"① 中国所需要的"真革命只有一条路，就是认清了我们的敌人，认清了我们的问题，集合全国的人才智力，充分采用世界的科学知识与方法，一步一步的作自觉的改革，在自觉的指导之下一点一滴的收不断的改革之全功。不断的改革收功之日，即是我们的目的地达到之时"②。

第四，"全盘西化"并非数典忘祖。面对人们的种种质疑，陈序经等人不断为"全盘西化"辩解，"我们以为我们的文化和西洋的文化的差别，既只有程度的不同，而非种类的差异，则我们全盘采纳西洋文化，不过是做进一级的文化生活，安能叫做蔑视轻鄙自己的文化"③。不仅如此，"全盘西化"还被描绘成是敢于正视自身问题并勇于改进、善于学习的坦荡行为。"我们样样都不如人，知道样样都不如人，不外是承认自己的缺点和错误；能够明白自己的缺点和错误，才有改良缺点纠正错误的努力；有了改良缺点和纠正错误的努力，才有进步的可能。可知全盘西化，并非鄙视自己的文化。世间只有承认自己的缺点和错误，而求改良与纠正的人，才算好汉；世间也只有了这种人，才能够做君子，才能称做圣人。"④

"全盘西化"直接继承西方虚无主义"怀疑一切、否定一切、解构一切"的思想传统，并试图将其付诸实践。同时，"全盘西化"还

① 耿云志编：《中国近代思想家文库·胡适卷》，中国人民大学出版社 2015 年版，第 714 页。

② 耿云志编：《中国近代思想家文库·胡适卷》，中国人民大学出版社 2015 年版，第 714 页。

③ 陈序经：《东西文化观》，中国人民大学出版社 2004 年版，第 227 页。

④ 陈序经：《东西文化观》，中国人民大学出版社 2004 年版，第 227 页。

是历史虚无主义在中国本土化的初步尝试。尽管提倡"全盘西化"的知识分子打着"救国""探索出路"的旗号，但"中国样样不如人"的立论基础是错误的，全面否定中华传统文化的观点也不正确。与"全盘西化"相对应的观点是辩证地看待中华传统文化，对其进行改造，保留中华传统文化中的精髓，使中华传统文化适应时代发展和实践要求。至此，中华传统文化与中华优秀传统文化的区别已经呼之欲出，何为"优秀"，即能够适应新时代党和国家发展需求的文化，能够与马克思主义相结合的文化。

发展积极健康的党内政治文化并非要拒斥中华优秀传统文化，而是要对其进行创造性转化、创新性发展和时代化阐释，使其符合党的建设的现实要求，服务于党内政治文化发展，实现对中华优秀传统文化的贯通式研究，使其成为党内政治文化发展的重要推动力量。

2. 找准中华优秀传统文化与党内政治文化的契合点

中华优秀传统文化以仁爱、礼义、合和、大同等理念为核心，蕴含着深刻的哲学智慧、道德情操、家国情怀和社会治理思想，是中华民族独特的文化基因和精神标识。找准中华优秀传统文化与党内政治文化的契合点，实现二者的有机融合与内涵扩充，既能够彰显中华优秀传统文化的时代性和价值性，又能够充盈党内政治文化的内在。

中华优秀传统文化与党内政治文化在价值追求上具有内在一致性。如中华优秀传统文化中的仁爱思想，强调人与人之间的和谐相处，这与党内政治文化倡导的全心全意为人民服务的宗旨相契合。又如中华优秀传统文化中的忠诚、诚信、公正等道德品质，也是党内政治文化的重要组成部分。再如中华优秀传统文化中的和谐理念倡导人与自然、人与社会、人与人之间的关系和谐、共生，这与党内政治文化所倡导的党员之间关系和谐、同志之间关系和睦是一致的。从价值追求层面厘清二者的内在联系，有助于融通二者的核心理念。

中华优秀传统文化与党内政治文化在内部要素上具有内在一致性。如清廉自律强调不贪图私利、节制私欲、提高个人修养，公正无私强调不偏不倚、坚守正义，诚实守信强调不欺瞒、信守承诺、言行一致，勤政为民强调为民众谋福利、不滥用职权，修身齐家强调提升自我修养、建设良好家风等。上述内容既是中华优秀传统文化的重要组成，也是党内政治文化发展不可或缺的内容，在明确二者价值追求的基础上，实现二者内容的互动与补充，有助于推动二者相辅相成、共同发展。

中华优秀传统文化与党内政治文化在发展方式上具有内在一致性。文化的发展并非一蹴而就，而是经过长时间的历史积淀和新旧更替形成的。中华优秀传统文化有五千多年的历史，党内政治文化与党的历史相伴相生。虽然二者形成的历史背景、时间跨度和实践条件不同，但二者发展方式较为相似，体现出文化发展的一般规律。这个规律就是文化发展通过在继承中坚持、在坚持中发展、在发展中创新进行，不断进行文化形态的迭代、内容的增减、形式的扩充，通过新陈代谢的方式不断发展。

在明确中华优秀传统文化与党内政治文化的契合点的基础上，才能实现二者的有机融合。要积极探索二者相融合的有效途径，发挥中华优秀传统文化的独特优势，使之与党内政治文化发展相互促进、相得益彰，共同服务于中华民族共有精神家园的建设。

（三）以革命文化疏浚党内政治文化发展源头

革命文化决定了党内政治文化的性质和发展方向，是党内政治文化的源头。发展积极健康的党内政治文化，充分发挥革命文化的作用，以党内政治文化明晰革命文化的价值，以革命文化推动党内政治文化发展，形成二者的同向同行、双向互动关系。

1. 以党内政治文化彰显革命文化的价值

革命文化是中国共产党在革命、建设、改革的各个历史时期，坚持以马克思主义为指导，结合不同时期的历史任务，融通中华优秀传统文化形成的独特文化基因和宝贵财富。在不同历史时期，革命文化的表现形式也不尽相同，可以分为革命精神与文化形态两大类。新民主主义革命时期，革命文化主要表现为红船精神、井冈山精神、长征精神、遵义会议精神、延安精神、抗战文化和解放区文化等。社会主义革命和建设时期，革命文化主要表现为抗美援朝精神、北大荒精神、大庆精神、红旗渠精神、雷锋精神、先进典型教育和英雄模范事迹推广等。改革开放和社会主义建设新时期，革命文化主要表现为改革开放精神、特区精神、"两弹一星"精神、抗洪精神、抗震救灾精神、爱国主义文化和志愿服务文化等。中国特色社会主义新时代，革命文化主要表现为载人航天精神、科学家精神、塞罕坝精神、反腐倡廉文化和社会主义核心价值观等。

革命文化不仅是中国共产党发展历程的生动反映与真实写照，也是传承发展中华文明的重要体现，在发展进程中呈现出鲜明的民族继承性、稳定延续性和时代发展性等特征。尽管不同历史时期革命文化呈现出不同的表现形式，但都继承和发展了中华优秀传统文化中民为邦本的为民思想、功利优先的义利思想、针砭时弊的天下情怀、报国报民的担当精神和天命靡常的改革精神，民族性始终是革命文化的底色。此外，革命文化有着鲜明的时代印记，是中国共产党领导全国人民进行革命、建设、改革的缩影，是不同时期时代精神的升华和文化发展现状的提炼。

纵观革命文化发展历程，崇高的理想信念、坚定的人民立场、持久的爱国主义精神、乐观的革命主义精神、不息的奋斗精神、无畏的自我革命精神始终是贯穿其中的主线。这一主线既是中国共产党精神风貌和政治品格的集中体现，也是政党凝聚力的来源，更彰显了党内政治文化的价值取向。更进一步分析，党内政治文化与革命文化有天然的内在联系，这种联系表现为二者相互依存、相互融通、相辅相成。

具体来说，崇高的理想信念是中国共产党经受住各种考验、抵御各种诱惑的根本保证，坚定的人民立场体现了中国共产党始终与人民同呼吸、共命运、心连心的深厚情感，持久的爱国主义精神体现了中国共产党对国家、对民族的无限忠诚和深沉热爱，乐观的革命主义精神体现了中国共产党在任何困难和压力面前始终保持高昂斗志和必胜信念的坚强意志，不息的奋斗精神体现了中国共产党勇于担当、敢于拼搏、不断进取的顽强品格，无畏的自我革命精神体现了中国共产党勇于自我净化、自我完善、自我革新、自我提高的坚定决心。

2. 以革命文化推动党内政治文化的发展

革命文化是中国共产党的宝贵精神财富，是党内政治文化发展的重要资源，将革命文化融入党内政治文化发展，实现二者的同频共振、耦合增效，是新时代发展积极健康的党内政治文化的重要举措。但实际工作中，以革命文化推动党内政治文化发展在思想认识、理论建构和实践操作等层面还存在一定问题。

在思想认识层面，对革命文化在党内政治文化发展中的独特价值有待进一步提升，对革命文化的系统认识还需要进一步深化，对革命文化融入党内政治文化发展的大环境营造还需要更加具体。革命文化既是昂扬向上、积极奋进的精神力量，也是学习党史国史、提升历史自信的重要理论资源，更是党员干部深刻检视自身、完善自身的实践资源。但在实际过程中，个别党员存在不重视革命文化的错误观念，传承发展革命文化流于形式、浮于表面，存在形式主义、官僚主义现象。这种行为一定程度上导致将革命文化融入党内政治文化被简单地对待，缺乏对二者内在联系和相互促进作用的深刻理解。由于缺少革命文化与党内政治文化发展互融互通的科学理念，两者之间的互动往往只停留在表面，缺乏一个科学、系统、有效的交流互动机制，这制约了革命文化在党内政治文化发展中作用的有效发挥。

在理论建构层面，革命文化与党内政治文化的有机结合缺乏相应的理论指导，特别是如何将革命文化的历史性与党内政治文化发展的现实性相结合，革命文化与党内政治文化相结合的特殊性与普遍性等问题缺乏深入的学术研究，导致二者的结合呈现出"两张皮"现象，甚至出现二者边界混淆甚至对立的情况。革命文化内容丰富、形式多样，党内政治文化发展既要吸收革命文化的精髓、以革命文化守护党内政治文化源头，也要注意区分联系、厘清区别，避免将二者混为一谈，只有立足文化发展的层面，以科学的理论将二者的结合从简单的"物理叠加"转变为深层次的"化学融合"，才能最大限度发挥革命文化的价值。

在具体实践层面，革命文化与党内政治文化发展相结合存在机制缺位的问题。就宣传教育机制而言，对革命文化的宣传缺少针对性、长效性和常态性，一定程度上存在大而化之的情况。极个别地方组织的革命文化教育活动存在短期化、表面化和走过场的情况，将革命文化教育简单地视为日常工作的一部分，认为"完成了就可以了"，革命文化的价值并未得到充分发挥。此外，先进典型案例的缺位也是革命文化宣传教育中的常见问题，少数地方将革命文化宣传教育与一般性的理论学习直接画等号，对本地区的革命文化资源的党史英雄人物事迹缺乏深入挖掘，一定程度上导致对革命文化与党内政治文化发展相结合的目标、内涵、意义等问题不够明确。就评价考核机制而言，目前对革命文化融入党内政治文化发展的评价考核不够健全和精准，部分考核指标不够科学、缺乏可行性，个别地方忙于应付考核，不断"写材料、填表格、拍照片"，将考核形式化、流程化。

总的来看，革命文化与党内政治文化发展的有机融合还存在不少问题，这些问题为今后明确工作方向、拟定工作目标提供了现实依据。在今后的工作中，实现二者的有机融合，以革命文化推动党内政治文化发展应该从以下几方面入手：

第一，坚持感性认识与理性认识相结合。以革命文化推动党内政治文化发展需要处理好感性认识和理性认识的关系。感性认识是人们通过感官直接接触客观世界所获得的初步、直观的认识，具有直观性、具体性和情感性。理性认识是在感性认识的基础上，通过思考、分析、推理等抽象思维活动获得的深层次、系统化的认识，具有抽象性、逻辑性和系统性。就感性认识与理性认识的关系而言，感性认识是理性认识的基础，理性认识是感性认识的提升，二者相辅相成，形成马克思主义认识论的基本原则。具体到革命文化融入党内政治文化发展过程中，如果只强调感性认识，有可能使革命文化变得肤浅、消解其理论深度；如果只强调理性认识，有可能使党内政治文化发展脱离实际，应有的感染力和说服力下降。只有将二者有机结合，通过实地走访红色遗迹、参观纪念馆、聆听先进典型报告等方式形成关于革命文化的感性认识，对中国共产党是什么、干什么、为什么有所了解，再通过理论学习的方式深入学习党的人民立场和价值追求、党的先进性和纯洁性的维护等深层次的理论问题，才能将感性认识与理性认识相结合，通过情感共鸣实现思想认识的提升。

第二，推动方式方法创新。将革命文化与党内政治文化发展相结合，必须创新方式方法。首先，要在继承中坚持、在坚持中发展、在发展中创新。任何原则和方法都是特定的社会历史背景下的产物，既包含事物发展的普遍规律，也带有时代和历史的痕迹。随着历史向前发展，新时代的实践任务、思想观念和理论认知发生了较大飞跃，这就要求我们结合现阶段党的中心任务、党的建设的总体要求对革命文化进行再次阐释，对其进行意义再生产。对革命文化意义再生产的前提是形成正确认知，这个认知既包括革命文化的具体内容，也包括革命文化形成的经验，只有掌握革命文化形成的历史语境，才能从中汲取党内政治文化发展所需的养分，推动党内政治文化发展。其次，提升革命文化与党内政治文化相结合的针对性。将革命文化与党内政治文化相结合，需要坚持问题导向、立足实践现状，因地制宜、因时制宜，提升方式方法的针对性，强化二者相结合的成效。总的来看，目前二者相结合的方法主要有理论教育与实践教育两类。理论教育指的是通过理论宣传、讲授和研讨等方式系统地理解、接受和掌握理论知识，实践教育指的是在理论教育的基础上通过社会实践进一步巩固、升华已有的理论认识，同时加深对事物的感性认识，在理论与实践的互动中形成"理论指导实践—实践升华理论"的逻辑闭环，加深受教育者的理论修养、提升受教育者的实践能力。这一方式的优点在于可操作性与适用性较强，局限在于理论学习与社会实践有可能与实际工作脱节。因此，将革命文化与党内政治文化相结合，必须将日常工作这一因素纳入其中，形成二者相结合的常态化与长效化，提升结合的针对性，真正做到用二者相结合的成果解决日常工作中的实际问题。

（四）以社会主义先进文化充实党内政治文化发展内核

社会主义先进文化是中国共产党领导人民群众在长期的革命、建设和改革实践中形成的具有鲜明社会主义属性的文化形态。这一文化形态内容丰富，形式多元，是党内政治文化发展的重要资源。因此，发展积极健康的党内政治文化，要关注社会主义先进文化与党内政治文化的内在关联，以社会主义先进文化充实党内政治文化内核、丰富党内政治文化内容。

1. 社会主义先进文化与党内政治文化的内在关联

所谓社会主义先进文化，指的是在社会主义发展过程中形成的，符合人类社会发展规律的、反映人类社会历史发展、反映人民群众利益诉求、反映无产阶级政党特征的文化形态。这一文化形态在理论层面揭示社会主义发展规律，在价值层面坚定对社会主义的信念，在社会心理层面对社会主义理论、道路和制度高度自信。

从特征属性分析，社会主义先进文化具有先进性、人民性、包容性和开放性等显著特征。先进性是社会主义先进文化的首要特征，这种先进性不仅表现在内容方面，更在于社会主义先进文化能够革故鼎新、与时俱进，不断创新发展、自我超越。人民性彰显社会主义先进文化的核心价值和根本追求。社会主义先进文化源于人民、服务于人民、发展于人民，在回应人民的现实需求、维护人民的根本利益、实现人民的美好愿景的过程中孕育和发展。丰富多元的内容是社会主义先进文化包容性的重要体现。社会主义先进文化既有中国化马克思主义理论成果，也有对革命文化的赓续、对中华优秀传统文化的弘扬，还有对外来文化的借鉴和吸收。可以说，包容性不仅是社会主义先进文化的重要特性，也是其能够丰富发展的重要动力。社会主义先进文化的开放性集中表现为对待外来文化的态度，与西方资本主义文化搞"文化一元化"和拒斥其他文化形态不同，社会主义先进文化辩证地吸收西方平等、公正等价值理念，并将其与社会主义建设实际、与我国国情相结合，不仅丰富了社会主义先进文化的内涵和外延，还推动了中西方文化交往。

从内在价值分析，社会主义先进文化具有价值引领、共识凝聚和政治动员等重要理论和实践价值。社会主义先进文化是马克思主义文化理论中国化的成果，以文化的形式承载并传递着社会主义的价值理念，成为引领社会发展、凝聚人心的重要力量。在社会变革和发展中，社会主义先进文化以独特的文化内涵发挥着价值引导功能，潜移默化地影响着人们的思想观念和行为方式，为经济社会发展提供强大精神力量，引导人民汇聚智慧力量、共圆复兴梦想。

社会主义先进文化与党内政治文化是辩证统一的关系。社会主义先进文化为党内政治文化提供丰富资源和坚实支撑，党内政治文化的发展能够促进社会主义先进文化的广泛传播，二者共同推动社会主义精神文明建设、共同构成中国特色社会主义文化发展的重要基石。二者的区别主要体现在受众群体、覆盖范围和作用机制上。社会主义先进文化面向的是人民群众，它渗透于社会的每一个角落，影响着从国家宏观层面到个人日常生活的方方面面。相比之下，党内政治文化则侧重于党员干部，主要集中在党政军、人民团体和社会组织的党委机关。此外，社会主义先进文化从国家发展的全局出发，关注社会主义建设的各个方面，致力于解决文化发展中面临的主要问题。而党内政治文化则从党的自我净化、自我完善、自我革新、自我提高的角度出发，着重于党的政治建设，关注党内政治文化、政治生态和政治生活的内在联系。

虽然社会主义先进文化与党内政治文化有明显区别，但二者也有紧密联系，主要体现在以下方面：

就包含关系来看，如果将党内政治文化比喻成文化集合，社会主义先进文化是其中的重要子集。更进一步分析，社会主义先进文化是党内政治文化的重要组成部分，党内政治文化对社会主义先进文化起着引领示范的作用。从宏观立意上分析，党内政治文化着眼于党的政治建设，关注自身与党内政治生态、党内政治生活的互动关系。相较于社会主义先进文化，党内政治文化具有更高的历史定位和更广阔的视角，内容更为广泛，结构更为复杂。从内在规定分析，党内政治文化规定了社会主义先进文化的人民性、时代性和方向性，明确社会主义先进文化发展过程中的一系列重大现实问题，为社会主义先进文化发展提供科学理论的指导，提升社会主义先进文化的思想引领力、政治动员力、组织凝聚力和国际影响力。

就互动关系而言，二者之间存在互联、互通、互补的良性互动。社会主义先进文化与党内政治文化都根植于马克思主义理论，以辩证唯物主义和历史唯物主义为认识论和方法论基础，以中国实际和社会主义初级阶段基本国情为出发点，致力于构建民族性、科学性、发展性和包容性的文化，上述特性使二者的互动成为可能。二者的互动体现在以下方面：一是价值理念的相互融合。社会主义先进文化的价值理念为党内政治文化发展提供了丰富的思想资源，能够提升党员的思想境界和道德修养，而党内政治文化中关于理想信念教育和党性教育的内容，也为社会主义先进文化实现以文化人和以文育人的目标提供了宝贵借鉴。二是实践路径相互促进。社会主义先进文化致力于社会主义核心价值观的传播、认同和实践，而党内政治文化通过组织生活、集中教育和党内监督等方式强化党员的使命感和责任感，有助于提升党的社会号召力，能够推动社会主义核心价值观的传播。三是发展目标相互协调。社会主义先进文化旨在为社会发展进步和人的全面发展提供文化支撑，党内政治文化发展致力于提升党的执政能力和领导水平，为党的治国理政服务。二者共同服务于全面建设社会主义现代化国家和中华民族伟大复兴，共同推动中国特色社会主义文化的繁荣发展。

2. 用社会主义先进文化推动党内政治文化发展

用社会主义先进文化推动党内政治文化发展，核心在于将社会主义先进文化的价值内涵和精髓融入党内政治文化，为党内政治文化发展提供坚实的理论基础和丰富的实践内涵，提升党内政治文化的先进性和纯洁性，确保中国共产党始终是中国特色社会主义事业的坚强领导核心。

第一，深入贯彻学习习近平文化思想。一个民族的复兴，既需要强大的物质力量，也需要强大的精神力量。党的十八大以来，以习近平同志为核心的党中央总揽全局，把宣传思想文化工作摆在重要位置，指引宣传思想文化事业在举旗定向、正本清源中取得历史性成就、发生历史性变革，在守正创新、开拓进取中展现新气象、迈向新征程。2023 年 10 月，全国宣传思想文化工作会议在北京召开，此次会议正式提出并系统阐述了习近平文化思想。这一重大战略决策在党的理论创新进程中具有重大意义，在党的宣传思想文化事业发展史上具有里程碑意义。习近平文化思想是在新时代中国特色社会主义文化建设伟大实践中形成并不断丰富发展的，是新时代党领导文化建设实践经验的理论总结。这一重要思想深刻回答了新时代我国文化建设举什么旗、走什么路、坚持什么原则、实现什么目标等根本问题，丰富和发展了马克思主义文化理论，是习近平新时代中国特色社会主义思想的文化篇。这一思想的形成，标志着中国共产党对中国特色社会主义文化建设规律的认识达到了新高度，表明我们的历史自信、文化自信达到了新高度。

习近平文化思想博大精深，明体达用、体用贯通，内涵十分丰富。从"体"的层面讲，提出了坚持党的文化领导权、推动物质文明和精神文明协调发展、坚持"两个结合"等 11 个方面的重大创新观点。从"用"的层面讲，作出了健全用党的创新理论武装全党教育人民指导实践工作体系、全面落实意识形态工作责任制、推动理想信念教育常态化制度化等 16 个方面的战略部署。这两个层面，阐发了习近平文化思想的基本架构和主要内涵，既有文化理论观点上的创新又有文化工作布局上的要求，是新时代文化发展的根本遵循。

用社会主义先进文化推动党内政治文化发展，要深刻领悟习近平文化思想的实践要求，将社会主义先进文化融入党的建设、融入党员日常教育，通过党内集中教育、主题党日活动、集体学习、榜样示范等多种形式彰显社会主义先进文化的理论说服力和价值感召力，丰富党内政治文化形式、充实党内政治文化内核。

第二，积极培育和践行社会主义核心价值观。社会主义核心价值观是社会主义先进文化的凝练和表达，是社会主义先进文化推动党内政治文化发展的重要结合点。首先，社会主义核心价值观为党内政治文化发展提供了价值导向，在党内政治文化发展中，要坚持用社会主义核心价值观引导党员思想、规范党员行为，使党员深刻理解社会主义核心价值观的内涵和要求，自觉将其内化于心、外化于行。其次，社会主义核心价值观是党性教育的重要内容。通过将社会主义核心价值观与党性教育相结合，引导党员坚定理想信念，增强政治意识、大局意识、核心意识、看齐意识，在政治立场、政治方向、政治原则上同党中央保持高度一致。再次，社会主义核心价值观是党内政治文化创新发展的重要动力，能够丰富党内政治文化的内容和形式，使其更加适应新时代党的建设的新要求。在党内政治文化发展中，要将社会主义核心价值观贯穿于党内政治生活，营造风清气正的党内政治生态。

第三，丰富社会主义先进文化的表现形式。文化的表现形式是衡量文化传播力和影响力的重要指标。用社会主义先进文化推动党内政治文化发展，要丰富社会主义先进文化的表现形式，为党内政治文化发展提供示范和借鉴。当前，丰富社会主义先进文化的表现形式，要从以下几方面入手：一是扩大公共文化服务覆盖面。公共文化服务是满足人民群众精神文化需求的重要途径。要通过图书馆、博物馆、文化馆、剧院等公共文化设施，使社会主义先进文化与公共服务精准对接，扩大社会主义先进文化的覆盖面，激发全社会文化创造活力，增强党内政治文化发展的内在驱动力。二是加大文化遗产保护与开发力度。文化遗产能够持续为社会主义先进文化发展提供内容供给。要通过保护和传承非物质文化遗产、挖掘历史遗迹的文化价值、讲好历史文物和传统村落的故事等方式为社会主义先进文化注入历史基因，增强党内政治文化发展的历史自信。三是注重社区文化建设。通过党群服务中心开展社区文化活动、建设社区公共文化设施、打造社区文化品牌等方式提升社区的文化品质和活力，营造良好的社区文化建设氛围，增强社区居民的认同感和归属感，巩固和扩大党内政治文化发展的群众基础。

二、强健党内政治文化的发展主体

党内政治文化是党的先进性和纯洁性的重要体现，发展的主体包括各级党组织、党的领导干部和普通党员。有学者这样描述中国共产党的组织架构和运行方式："中国共产党有近1亿名党员，他们隶属于400多万个党组织。这就像一个遍布中国的神经网络，其中每一名共产党人都是一台电脑，而党组织是计算机的路由器。整个网络连接到一台名为中共中央的超级计算机上，超级计算机收集网络上任何一个点的最新状态信息。信息经过处理、分析，然后作出决定，并返回路由器和个人计算机作为执行信号。"[①] 可以看出，党中央是全党的最高领导机构，负责制定党的路线、方针、政策和战略决策，党的领导干部是党的各级领导机构的成员，是党的理论和路线方针政策的执行者和推动者，普通党员是党的基础力量，他们通过参与党组织的活动，

---

① 陈爱茹：《中国共产党的理论创新、新时代中国特色社会主义建设与人类命运共同体的当代意义——访俄中友好协会副主席尤里·塔夫罗夫斯基》，《马克思主义研究》2024年第4期。

执行党组织的决定，发挥先锋模范作用，各级党组织是联系党中央和党员的桥梁和纽带，负责传达党中央的指示和要求，组织党员开展活动。强健党内政治文化的发展主体，要在深刻领会学习党中央关于党内政治文化发展重大决策部署的基础上，充分发挥各级党组织的战斗堡垒作用，发挥领导干部"关键少数"的示范作用，充分调动作为"绝大多数"的普通党员的积极性。

（一）发挥各级党组织的战斗堡垒作用

党的组织是党的全部工作和战斗力的基础，是党的领导和执政的基础，是党内政治生活的基本单位和平台。要充分发挥各级党组织的战斗堡垒作用，通过加强党员日常管理、有序开展组织生活等措施促进党内政治文化发展。

1. 加强党员日常管理

党员是党组织的细胞，加强党员日常管理事关党组织的生机与活力，事关党的先进性与纯洁性，对党组织凝聚力和战斗力的提升有重要意义。加强党员日常管理要重点做好以下几方面的工作：一是严格入党标准。党组织要严守发展党员准入关口，严格按照党章党规发展党员、规范发展流程和入党手续，坚持实事求是、一切从实际出发，坚决防止"人情入党、带病入党"等不正之风，确保党员群体的纯洁性。二是明确管理目标。围绕提升党员理论水平、政治素养、服务能力、纪律意识和规矩意识等方面制定党员管理目标，避免党员管理大而化之、不能落实落地。三是健全管理制度。围绕党组织职能和党员管理工作建立健全党员登记制度、党员档案管理制度、组织生活考勤制度等，做到"档案随人走"，做好党员档案转入和转出工作，通过制度约束和规范党员行为，提升党组织建设科学化水平。四是改善党员结构。党组织要围绕经济社会发展需求和区域内的党员发展实际，突出需求导向、坚持任人唯贤，注重在新兴社会组织、新的社会阶层中发展党员，将各行各业的优秀人才吸纳进党的队伍，从年龄、知识、学历、职业等方面优化党员结构。通过上述措施，不断提升党员质量、提升党员管理的规范性和科学性，确保党员成为党内政治文化发展的中坚力量。

2. 有序开展组织生活

党内组织生活与党内政治文化相辅相成、相互促进，共同构成党的建设的重要方面。一方面，党内组织生活是党内政治文化的重要载体。党内组织生活包括党员大会、党小组会、党委会和民主生活会等，通过组织生活，党内政治文化的理念、价值和规范得到传达和落实。另一方面，党内政治文化对党的组织生活起着积极的引导作用。党内政治文化包含党的理想信念、宗旨意识、纪律要求等，能够促进组织生活的规范化、制度化，为组织生活的开展提供政治方向和价值导向，提高组织生活质量。

党内政治文化的发展离不开组织生活的重要作用。首先，要明确组织生活的基本原则，主要有民主集中制、实事求是、坚持批评与自我批评相结合等，确保组织生活的规范性和有效性。其次，要健全党的组织生活制度，主要有定期召开会议、开展党员活动、进行集中学习等，通过规范的制度实现组织生活的常态化和制度化。再次，要创新组织生活开展的方式方法，如通过线上会议、党建工作群开展组织生活，实现线上与线下相结合，提高组织生活的吸引力和实效性。最后，要加强组织生活的评价和反馈。有序的组织生活离不开全体党员的共同参与，要在党组织内部建立健全组织生活评价反馈制度，通过问卷调查、谈心谈话等方式及时听取党员对组织生活的意见和建议，不断改进和提高组织生活质量。

（二）发挥"关键少数"的示范作用

习近平指出："从严治党，关键是要抓住领导干部这个'关键少数'，从严管好各级领导干部。"① 领导干部作为党内的"关键少数"，既是党内政治文化发展的引领者，也是党内政治文化发展的示范者和推动者。发展积极健康的党内政治文化，要增强领导干部的身份认同，充分发挥其示范作用。

1. 加强"关键少数"的党员身份认同感

"关键少数"指的是在各级党组织中担任领导职务的党员，他们是党中央决策的执行者和推动者，对党的建设有重要影响。因此，强化这部分党员的身份认同感，对于提升党的凝聚力和战斗力，保持党的先进性和纯洁性，从而推动党内政治文化发展，具有重要意义。一是要强化理论武装。要通过系统的理论学习，提升领导干部马克思主义水平，提升对习近平新时代中国特色社会主义思想的"学""思""践""悟"，增强领导干部的政治觉悟和理论自信，更好地将党的创新理论融入日常工作中，强化政治身份认同。二是要加强党性教育。党性是指领导干部在政治、思想、道德、组织和纪律等方面必须具备的素质和能力，是党员领导干部立身、立业、立言、立德的基石。党性教育是领导干部的必修课，是领导干部提升自身能力的重要途径。要通过党性教育引导领导干部时刻牢记自己的党员身份、时刻铭记自身工作职责和岗位要求，遵守党的纪律、践行党的宗旨，做到对党忠诚、对人民负责、对工作敬业、对纪律敬畏。三是要增强文化认同。领导干部要带头弘扬中国共产党革命精神、赓续中国共产党精神谱系，

---

① 中共中央文献研究室：《习近平关于全面从严治党论述摘编》，中央文献出版社 2016 年版，第 138 页。

掌握长征精神、延安精神、抗战精神、改革开放精神等精神的科学内涵、时代价值和弘扬路径。此外，领导干部还应该增进历史自信，掌握中国共产党百年历史的主题主线、主流本质，旗帜鲜明地抵制历史虚无主义。四是要强化行为认同。要引导领导干部树立正确的选人用人导向，鼓励领导干部在重大原则问题上敢于较真、敢于斗争、敢于分清是非、敢于分辨黑白，勇于向不正当的行为说"不"，勇于抵制厚黑学、小圈子、官本位、潜规则等庸俗腐朽的党内政治文化，做积极健康的党内政治文化的忠实践行者。

2. 引导"关键少数"以上率下

引导领导干部以上率下，发挥率先垂范的示范作用，以"关键少数"带动"绝大多数"，是党内政治文化发展的重要环节。首先，领导干部要带头讲政治。旗帜鲜明讲政治、一丝不苟做工作是领导干部的首要任务，也是加强领导干部党性修养的重要内容。领导干部要将讲政治贯穿于日常工作中，坚定对马克思主义的信仰、对中国特色社会主义的信念、对中华民族伟大复兴的信心，牢固树立正确的世界观、人生观、价值观，全面提升党性修养，确保在思想上、政治上、行动上与党中央保持高度一致。其次，领导干部要带头做实事。发展积极健康的党内政治文化绝不是一句空话、更不是一句口号，要落实在具体工作中。领导干部要身体力行，起到榜样示范作用，带头严格执行党的组织纪律和生活制度，时刻坚持高标准、严要求，时刻注重检视自身，不断反省、学习、进步、提高。最后，领导干部要带头守纪律。纪律严明、团结一致是中国共产党不断从胜利走向新的胜利的重要保证。作为"关键少数"的领导干部对党的纪律的重视程度和执行程度，是影响党内政治文化发展成效的重要因素。要引导领导干部将守纪律贯穿于工作和生活中，自觉遵守政治纪律、组织纪律、廉洁纪律，自觉践行党的群众路线、接受群众监督，真正做到以身作则，要求别人做的自己先做到、要求别人不做的自己先不做，充分发挥示范效应和模范作用，推动党内政治文化发展。

（三）充分调动"绝大多数"的积极性

党员是党组织的基石和主体力量。党的先进性和纯洁性归根到底要靠众多党员来体现，党的执政使命也要靠众多党员共同完成。党内政治文化的发展同样离不开作为"绝大多数"的普通党员的积极参与。因此，发展积极健康的党内政治文化，要充分调动"绝大多数"的积极性，不断提升党员的向心力、创造力和凝聚力。

1. 充分发挥党员的主体地位

向心力指的是党员对党组织的归属感与忠诚度，是影响党的战斗力和凝聚力发挥的重要因素。党内政治文化的发展离不开党员的参与，只有提升党员对党组织的向心力，才能有效激发党内政治文化发展的活力。一方面，要充分尊重党员在党内政治生活中的主体地位，坚持以人为本，把尊重党员、爱护党员和依靠党员结合起来，充分保障党员的知情权、参与权、表达权和监督权。党组织要关心党员的工作、生活和成长，及时了解并解决党员的实际问题，尊重党员的个性和特点，正视党员的正当利益与合理需求，正确统筹好党员义务和权利的关系。另一方面，要尊重党员在党内政治文化发展中的主体地位。党员积极性、创造性和主体性的发挥，直接关系党内政治文化的发展成效，尊重党员在党内政治文化发展中的主体地位，既是对党员个体价值的充分肯定，也是党内政治文化发展的必然要求。因此，要鼓励党员积极参与、主动创造，使党内政治文化更加贴近党员实际、反映党员心声。要充分发挥优秀党员的先锋模范作用，通过优秀党员的言行举止和实际行动促进党内政治文化发展。此外，还要加强党员教育和管理，提高党员的政治觉悟和文化素养，使党员成为党内政治文化建设的积极参与者和有力推动者。

2. 切实提升党员的凝聚力

党员凝聚力是党组织战斗力有效发挥的重要基础。党员凝聚力的增强，意味着党员团结一致、共同奋斗，这种精神本身就是党内政治文化的有机组成部分。首先，要坚持正确的用人导向，选好用好党的干部。"关键少数"是从"绝大多数"中产生的，要牢固树立"忠诚为先、事业为重、民意为根、廉洁为本"的好干部标准。在干部选拔时，一是要坚持政治导向，选拔忠于党的组织、旗帜鲜明讲政治的干部；二是要坚持群众导向，选拔群众口碑良好，能够做到察民情、帮民困、解民忧、暖民心的干部；三是要坚持发展导向，选拔一心一意干事业、兢兢业业出成绩、踏踏实实谋发展的干部；四是要坚持纪律导向，选拔克己奉公、廉洁自律的干部，对廉洁底线失守、言行举止失范的干部"一票否决"，杜绝"带病提拔""带病上岗"。其次，要加强党员之间的沟通交流。党员之间的沟通交流既是提升党组织凝聚力的重要方式，也是发展党内政治文化的有效措施。要通过组织党员座谈、主题党日活动等形式搭建党员之间沟通交流的平台，使党员能够交流学习体会、思想感悟和工作心得，让党员在相互学习中不断成长，加深党员的相互了解和彼此信任，形成开放包容、富有创造力的党内政治文化发展氛围。

三、优化党内政治文化的发展环境

文化与环境之间是双向互动的。一方面，环境是文化产生的实践空间，影响着文化的形成和塑造；另一方面，文化对环境起着能动的反作用。发展积极健康的党内政治文化离不开环境的优化。这里说的环境既包括国内环境，也包括国际环境。就国内环境优化而言，要加强网络空间治理，旗帜鲜明地抵制历史虚无主义，为党内政治文化营造良好的发展环境；就国际环境优化而言，要以包容互鉴净化国际政治环境，以合作共赢净化国际经济环境，以文化交流净化国际文化环境。

（一）优化党内政治文化发展的国内环境

党的十八大以来，以习近平同志为核心的党中央以前所未有的决心和力度推进全面从严治党，开创了管党治党的新局面，党内政治文化发展迎来新的契机。与此同时，网络意识形态斗争日益激烈，信息传播的快速性、舆论环境的复杂性、价值观念的多元性、网络谣言和虚假信息等对党内政治文化发展产生消极影响。此外，历史虚无主义的影响也不容忽视，所谓的"党史八卦""党史新论"仍有一定市场。因此，党内政治文化发展要坚持党管媒体、管好用好网络空间，提升领导干部运用互联网的能力，坚决打赢网络意识形态斗争，要坚持大历史观，掌握百年党史的主题主线和主流本质，从党史中不断汲取奋进力量。

1. 加强网络空间治理

到目前为止，人类社会先后经历了农业革命、工业革命和信息革命，每一次的产业技术革命都给人类社会带来巨大而深刻的影响。20世纪60年代，信息技术飞速发展，互联网应用的大范围普及给人类社会的发展带来重要影响。1994年，我国全功能接入国际互联网，在此之后，我国互联网和信息化发展取得显著成就，经过多年持续努力，我国网民数量居世界第一，互联网基础设施建设成效显著，我国已经成为网络大国。当今世界，互联网的发展程度之快、影响范围之广以及程度之深已经远远超过了其他科技成果。习近平用四个"前所未有"对互联网的影响进行概括：其一，互联网发展给生产力和生产关系带来的变革前所未有；其二，互联网发展给世界政治经济格局带来的深刻调整前所未有；其三，互联网发展给国家主权和国家安全带来的冲击前所未有；其四，互联网发展给不同文化和价值观念交流交融交锋产生的影响前所未有。① 习近平高度重视互联网发展，他指出："当今世界，谁掌握了互联网，谁就把握住了时代主动权；谁轻视互联网，谁就会被时代所抛弃。一定程度上可以说，得网络者得天下。"② 发展积极健康的党内政治文化，既要充分发挥互联网的作用，也要警惕互联网可能带来的消极影响。

第一，坚持党管媒体的原则，加强中国共产党对网信工作的全面领导。2018 年 4 月 20 日，习近平出席全国网络安全和信息化工作会议并发表重要讲话，强调"必须旗帜鲜明、毫不动摇坚持党管互联网，加强党中央对网信工作的集中统一领导，确保网信事业始终沿着正确方向前进"③。党管媒体是中国共产党意识形态工作的重要内容，也是中国共产党领导发展新闻事业的重要原则。只有坚持党性，新闻舆论工作才能有明确的立场和指向；只有坚持党性，才能确保新闻媒体始终为人民群众服务，而不是沦为少数人的工具。习近平指出："过不了互联网这一关，就过不了长期执政这一关。党管媒体，不能说只管党直接掌握的媒体。党管媒体是把各级各类媒体都置于党的领导之下，这个领导不是'隔靴搔痒式'领导，方式可以有区别，但不能让党管

---

① 中共中央党史和文献研究院：《习近平关于网络强国论述摘编》，中央文献出版社 2021 年版，第 41 页。

② 中共中央党史和文献研究院：《习近平关于网络强国论述摘编》，中央文献出版社 2021 年版，第 41 页。

③ 中共中央党史和文献研究院：《习近平关于网络强国论述摘编》，中央文献出版社 2021 年版，第 10 页。

媒体的原则被架空。"①

　　管理好、利用好网络空间，是新时代掌握新闻舆论阵地的重要问题。和现实社会中的新闻传播不同，网络空间中的新闻传播信息源众多，且这些信息来源良莠不齐，既有国内权威媒体的报道，也有各家自媒体的"独家解读"，还有部分网民提供的"独家信息"以及境外人员的"带节奏""挑气氛"。因此，"要把党管媒体的原则贯彻到新媒体领域，所有从事新闻信息服务、具有媒体属性和舆论动员功能的传播平台都要纳入管理范围，所有新闻信息服务和相关业务从业人员都要实行准入管理。有关部门要认真研究，拿出管用的办法"②。此外，坚持党管媒体的原则应该贯彻落实马克思主义新闻观。当前，一些人不断宣扬西方新闻观的好处，标榜其是"社会公器"，鼓吹绝对的"新闻自由"，少数人打着"新闻自由"的旗号，"专挑重大政治原则说事，公然攻击中国共产党的领导体制和我国社会主义制度。有的不顾起码的是非曲直，以骂主流为乐、反主流成瘾，怪话连篇、谎话连篇"③。我们应该认清西方所谓"新闻自由"的本质，坚决抵制新闻报道过程中的"双标"行为，坚持马克思主义新闻观，坚定传播党的政策主张，为党内政治文化发展提供正确的舆论导向。

　　第二，提升领导干部运用互联网的能力。加强党对网信工作的集中统一领导，必须抓住领导干部这个"关键少数"，提升领导干部运用互联网的能力，让"关键少数"发挥重要作用，让"关键少数"带动"绝大多数。"习近平指出："各级领导干部特别是高级干部，如果不懂互联网、不善于运用互联网，就无法有效开展工作。各级领导干

---

① 习近平：《论党的宣传思想工作》，中央文献出版社 2020 年版，第 183 页。

② 习近平：《论党的宣传思想工作》，中央文献出版社 2020 年版，第 183-184 页。

③ 习近平：《论党的宣传思想工作》，中央文献出版社 2020 年版，第 184 页。

部要学网、懂网、用网，积极谋划、推动、引导互联网发展。"① 此外，领导干部应该通过网络进一步密切与人民群众的联系，"网民来自老百姓，老百姓上了网，民意也就上了网。群众在哪儿，我们的领导干部就要到哪儿去，不然怎么联系群众呢？各级党政机关和领导干部要学会通过网络走群众路线，经常上网看看，潜潜水、聊聊天、发发声，了解群众所思所愿，收集好想法好建议，积极回应网民关切、解疑释惑。善于运用网络了解民意、开展工作，是新形势下领导干部做好工作的基本功。各级干部特别是领导干部一定要不断提高这项本领"②，让互联网这一"变量"变为党内政治文化发展的"增量"。

第三，坚决打赢网络意识形态斗争。意识形态工作是党的一项极端重要的工作，"能不能牢牢掌握意识形态工作领导权，关键要看能不能占领网上阵地，能不能赢得网上主导权"③。网络空间已经成为意识形态斗争的主战场，西方反华势力对我们的攻击往往就是从网络空间开始的，一些西方政客甚至宣称"有了互联网，对付中国就有了办法"④，国内某些别有用心的人不断变换手法，大肆丑化党的形象、歪曲党的伟大实践、攻击党的领导，企图破坏党和人民群众的血肉联系、破坏党长期执政的根基，给党内政治文化发展带来消极影响。网络空间中的意识形态斗争如果防范不到位、应对不及时，就会叠加、发酵、扩散，最终产生严重危害，"历史和现实反复证明，搞乱一个社会、

---

① 中共中央党史和文献研究院：《习近平关于网络强国论述摘编》，中央文献出版社 2021 年版，第 6 页。

② 习近平：《论党的宣传思想工作》，中央文献出版社 2020 年版，第 195 页。

③ 中共中央党史和文献研究院：《习近平关于网络强国论述摘编》，中央文献出版社 2021 年版，第 55 页。

④ 中共中央党史和文献研究院：《习近平关于网络强国论述摘编》，中央文献出版社 2021 年版，第 51 页。

颠覆一个政权，往往先从意识形态领域打开缺口，先从搞乱人们思想入手"①，"在互联网这个战场上，我们能否顶得住、打得赢，直接关系我国意识形态安全和政权安全"②。此外，打赢网络意识形态斗争关系思想共识的凝聚。当前，众多错误思潮在网络空间中传播，试图动摇马克思主义在意识形态领域的指导地位，试图破坏全国人民共同奋斗的思想基础，试图阻断中华民族伟大复兴的历史进程，试图破坏全社会的凝聚力和向心力。"如果一个社会没有共同理想，没有共同目标，没有共同价值观，整天乱哄哄的，那就什么事也办不成"③，因此，打赢网络意识形态斗争，关系到全社会思想共识的凝聚和对党内政治文化的认同。

习近平对我国思想舆论领域的总体态势进行分析，将其划分为三个不同的地带。"思想舆论领域大致有三个地带。第一个是红色地带，主要是主流媒体和网上正面力量构成的，这是我们的主阵地，一定要守住，决不能丢了。第二个是黑色地带，主要是网上和社会上一些负面言论构成的，还包括各种敌对势力制造的舆论，这不是主流，但其影响不可低估。第三个是灰色地带，处于红色地带和黑色地带之间。对不同地带，要采取不同策略。对红色地带，要巩固和扩展，不断扩大其社会影响。对黑色地带，要勇于进入，钻进铁扇公主肚子里斗，逐步推动其改变颜色。对灰色地带，要大规模开展工作，加快使其转化为红色地带，防止其向黑色地带蜕变。这些工作，要抓紧做起来，

---

① 中共中央党史和文献研究院：《习近平关于网络强国论述摘编》，中央文献出版社2021年版，第55—56页。

② 中共中央党史和文献研究院：《习近平关于网络强国论述摘编》，中央文献出版社2021年版，第51页。

③ 中共中央党史和文献研究院：《习近平关于网络强国论述摘编》，中央文献出版社2021年版，第70页。

坚持下去，必然会取得成效。"①

以上重要论述启示我们，打赢网络意识形态斗争应该采取差异化的思路。首先，应该明确和确认红色地带，确保主阵地安全、牢固，不断扩大阵地影响力，削弱黑色地带和灰色地带的声音。其次，应该高度警惕黑色地带的存在，对其进行打压，逐步分化瓦解。最后，加快灰色地带向红色地带转化，同时防止其向黑色地带蜕变。进一步分析，打赢网络意识形态斗争是党内政治文化发展的重要环节，要坚持正确的政治立场，理直气壮地讲述党史、新中国史、改革开放史、社会主义发展史和中华民族发展史，讲好中国共产党的故事，宣传宣讲中国共产党党内政治文化，提升全社会对党内政治文化的认同度。

2. 旗帜鲜明地反对历史虚无主义

习近平指出，"历史虚无主义的要害，是从根本上否定马克思主义指导地位和中国走向社会主义的历史必然性，否定中国共产党的领导"②，历史虚无主义"这个重大政治问题处理不好，就会产生严重政治后果"③。这里说的"严重政治后果"，指的是反对历史虚无主义关系党和国家的前途命运，关系党内政治文化发展前途。

第一，认清历史虚无主义的本质。历史虚无主义"三个否定"中的第一个否定是"从根本上否定马克思主义指导地位"。马克思在《政治经济学批判（1857—1858 年手稿）》中强调了意识形态的重要性："如果从观念上来考察，那么一定的意识形式的解体足以使整个

---

① 中共中央党史和文献研究院：《习近平关于社会主义文化建设论述摘编》，中央文献出版社 2017 年版，第 30-31 页。

② 中共中央党史研究室：《历史是最好的教科书》，《人民日报》2013 年 7 月 22 日。

③ 中央文献研究室：《十八大以来重要文献选编》（上），中央文献出版社 2014 年版，第 113 页。

时代覆灭。"① 意识形态之所以如此重要，是因为其代表了占社会主导地位的阶级的意志，在经济社会发展过程中，意识形态具有规范思想意识、约束行为举止、凝聚人民共识和进行精神引领的作用。在国家发展过程中，意识形态的作用要更加深远和显著，从精神层面分析，意识形态影响着个人的价值取向、社会的和谐稳定以及国家的发展道路，也就是说，意识形态是国家长治久安的重要保障，是政党重要的执政资源。

马克思主义是我国的国家意识形态，历史虚无主义对马克思主义进行否定，就是对我国的国家意识形态进行否定，就是对我国经济社会发展的指导思想进行否定。历史虚无主义否定马克思主义的目的，就是要以非主流的意识形态对抗主流意识形态，以非马克思主义意识形态否定马克思主义意识形态，就是要在人民中传播不同于主流意识形态的话语体系，从而动摇马克思主义在意识形态领域的指导地位，我们对此必须有清醒认识。此外，历史虚无主义"从根本上否定马克思主义指导地位"这一论断是有现实的实践作为支撑的。回顾20世纪末东欧剧变的历史可以发现，波兰、匈牙利、保加利亚、罗马尼亚等国无一不是执政党在意识形态领域丧失主导权和话语权，马克思主义意识形态被其他意识形态所代替，党内政治文化变色、变质、变味，最终掉入西方"和平演变"的陷阱。诚然，东欧剧变的原因是多方面的，但在众多原因当中，历史虚无主义占据了重要地位。当前，西方国家对我国的意识形态渗透和"和平演变"攻势并未停止，在这样的形势下，警惕历史虚无主义对马克思主义指导地位进行否定是十分必要的。

历史虚无主义"三个否定"中的第二个否定是"否定中国走向社

---

① 《马克思恩格斯文集》第8卷，人民出版社2009年版，第170页。

会主义的历史必然性"。所谓"历史必然性",就是历史唯物主义视域中用来解释事物发展决定因素的概念,也就是说,历史必然性是历史自身发展决定的,"中国走向社会主义的历史必然性"指的是在历史发展进程中,中国必将走向社会主义,这一论断既是对近代以来中国社会历史发展的现状描述,同时也是对中国共产党领导人民进行革命、建设和改革的光辉历史的肯定。历史虚无主义否定中国走向社会主义的历史必然性,就是否定中国共产党领导人民进行革命、建设和改革的伟大历程,就是否定中国共产党的历史功绩。

习近平提出的历史虚无主义"否定中国走向社会主义的历史必然性"这一重要论断启示我们,与历史虚无主义的斗争,并不是简单的史学研究领域方法论或认识论的斗争,而是意识形态领域指导思想、国家发展道路的斗争。历史虚无主义否定中国走向社会主义的历史必然性,实质就是崇尚资本主义发展道路,将西方道路视为实现现代化的唯一正确模式。东欧剧变之后,中国坚定走中国特色社会主义道路,成为世界社会主义运动的一面旗帜,同时也成为西方反共、反华势力的重要目标。针对历史虚无主义对中国特色社会主义道路的攻击,习近平指出:"中国特色社会主义道路是 1840 年以来特别是甲午战争以来,中国人民对其他救国途径的尝试全部碰壁之后作出的历史性选择,是中国共产党和人民历尽千辛万苦、付出巨大代价取得的根本成就。坚持中国特色社会主义道路,关乎国家前途、民族命运、人民福祉。"① 以上论述阐明了中国走向社会主义的历史必然性,历史已经证明,近代以来,中国除了走社会主义道路,已经没有别的路可以走,而实践将继续证明,中国特色社会主义道路是适合中国国情的国家发

---

① 习近平:《在纪念中国人民抗日战争暨世界反法西斯战争胜利 69 周年座谈会上的讲话》,人民出版社 2014 年版,第 16 页。

展道路，更是实现中华民族伟大复兴的必由之路。

历史虚无主义"三个否定"中的第三个否定是"否定中国共产党的领导"。习近平指出："国内外敌对势力往往就是拿中国革命史、新中国历史来做文章，竭尽攻击、丑化、污蔑之能事，根本目的就是要搞乱人心，煽动推翻中国共产党的领导和我国社会主义制度。"① 可以看出，历史虚无主义否定中国共产党领导的目的，就是要从根本上动摇中国共产党的执政地位，消解党内政治文化，破坏中国共产党与人民群众的血肉联系，否定党的领导地位确立的历史依据。

要反对历史虚无主义对党的领导地位的攻击，应该从以下两方面进行：一方面，阐明中国共产党领导地位确立的历史必然性，即"中国共产党的领导地位是历史和人民选择的"。近代以来，各种政治力量都在尝试带领中国人民实现国家独立和人民富强，但只有中国共产党经受住了考验，成为唯一带领中国人民实现上述目标的政治力量，因此，中国共产党的领导地位来自历史、根植于人民的选择之中，已经与中华民族伟大复兴的历史进程融为一体。另一方面，阐明中国共产党的历史贡献与历史功绩，警惕历史虚无主义肆意夸大党的失误和曲折，试图用现象遮盖本质、用细节否定全部、用支流冲淡主流的做法。

第二，坚持大历史观，科学评价历史。2021 年 2 月，习近平在党史学习教育动员大会上指出："要教育引导全党胸怀中华民族伟大复兴战略全局和世界百年未有之大变局，树立大历史观，从历史长河、时代大潮、全球风云中分析演变机理、探究历史规律，提出因应的战

---

① 中央文献研究室编：《十八大以来重要文献选编》（上），中央文献出版社2014 年版，第 113 页。

略策略，增强工作的系统性、预见性、创造性。"① 大历史观的"大"，并不是单纯物理意义上的时间和空间的"大"，而是指作为历史认识主体的人的视野的"大"，这种"大"体现在时间和空间的延展中，时间和空间又统一于总体历史，也就是人类历史或世界历史进程之中。在分析问题时，大历史观将"回溯"与"展望"相统一，用现在连接过去和未来，对历史进行有效串联，避免历史断代或脱节。更为重要的是，大历史观将民族史或地域史与世界史相联系，强调在历史长河中把握历史主流。

中国共产党在带领中国人民取得革命、建设和改革伟大成就的过程中，既有辉煌的成就，也有失误和挫折，如何看待这些失误和挫折，是在反对历史虚无主义过程中必须着重阐述的重要问题。历史虚无主义以"重新评价"为名，夸大、曲解党的历史上的失误和曲折，诋毁党的领袖、破坏党的形象、否定党的历史，给党内政治文化发展带来消极影响。

针对上述情况，习近平创造性地提出辩证看待党的历史上的失误和曲折的方法，"一是敢于承认，二是正确分析，三是坚决纠正，从而使失误和错误连同党的成功经验一起成为宝贵的历史教材"②。"敢于承认"体现的是中国共产党对党的历史上的失误和曲折的态度，因为"一个马克思主义政党对自己的错误所抱的态度，是衡量这个党是否真正履行对人民群众所负责任的一个最重要最可靠的尺度"③。反对

① 习近平：《在党史学习教育动员大会上的讲话》，人民出版社 2021 年版，第14 页。

② 中共中央文献研究室：《十八大以来重要文献选编》（上），中央文献出版社2014 年版，第 694 页。

③ 中共中央文献研究室：《十八大以来重要文献选编》（上），中央文献出版社2014 年版，第 693-694 页。

历史虚无主义并不是要将中国共产党包装、美化成十全十美的政党，更不是不允许任何的批评和建议，我们反对的，是妄加揣测、没有任何根据的无端指责和批评，但对于历史上的失误和曲折，中国共产党从来不文过饰非，而是端正态度、坦然承认。"正确分析"指的是中国共产党对待历史上的失误和曲折的方式，马克思主义政党能够勇于承认自己的错误，但仅仅承认错误是不够的，还应该结合社会历史条件科学分析错误产生的原因。"坚决纠正"体现的是中国共产党改正错误的决心，以对历史负责、对人民负责的态度最大限度消除错误带来的负面影响。"从而使失误和错误连同党的成功经验一起成为宝贵的历史教材"指的是应该发挥党的历史上的失误和曲折的价值，将其转化为宝贵的历史经验，转化为党内政治文化发展的重要资源。

第三，加强党史学习教育，坚定党内政治文化发展的历史自信。回顾历史，中国共产党之所以能在多次斗争中占据主动权，正是因为党一贯重视学习历史和总结历史，重视从历史中汲取经验和运用经验。党的十八大以来，党中央高度重视学习党的历史，习近平多次强调"历史是最好的教科书""历史是最好的老师""中国革命历史是最好的营养剂"①，要求广大党员要做到知史爱党、知史爱国。2021年2月，习近平在党史学习教育动员大会上提出："现在，一些错误倾向要引起警惕：有的夸大党史上的失误和曲折，肆意抹黑歪曲党的历史、攻击党的领导；有的将党史事件同现实问题刻意勾连、恶意炒作；有的不信正史信野史，将党史庸俗化、娱乐化，热衷传播八卦轶闻，对非法境外出版物津津乐道，等等。要坚持以我们党关于历史问题的两个决议和党中央有关精神为依据，准确把握党的历史发展的主题主线、主流本质，正确认识和科学评价党史上的重大事件、重要会议、重要

---

① 习近平：《在党史学习教育动员大会上的讲话》，人民出版社2021年版，第3页。

人物。要实事求是看待党史上的一些重大问题，既不能因为成就而回避失误和曲折，也不能因为探索中的失误和曲折而否定成就。要旗帜鲜明反对历史虚无主义，加强思想引导和理论辨析，澄清对党史上一些重大历史问题的模糊认识和片面理解，更好正本清源、固本培元。"① 习近平进一步指出："在全社会广泛开展党史、新中国史、改革开放史、社会主义发展史宣传教育，普及党史知识，推动党史学习教育深入群众、深入基层、深入人心。"②

开展"四史"学习对反对历史虚无主义、促进党内政治文化发展意义重大。当前，历史虚无主义遮蔽历史片段、扭曲历史事实、放大历史细节，企图篡改历史认知、消解历史共识、否定历史意义。面对这种情况，"四史"学习有利于澄清事实、分清是非、辨明曲直，达到正本清源的目的。在此基础上让党员干部进一步了解中国共产党的奋斗历程、新中国的发展历程、改革开放的伟大成就、社会主义建设的光辉事迹，做到熟悉历史、认同历史、敬畏历史，不断强化对中国共产党的认同和归属。

（二）优化党内政治文化发展的国际环境

党内政治文化发展与国际环境密切相关，良好的国际环境有利于提升党内政治文化的国际对话能力，提升中国共产党的国际影响力。百年未有之大变局下，党内政治文化发展面临多重挑战，多变复杂的国际舆论斗争态势、经贸摩擦与文化碰撞加大了党内政治文化发展的

---

① 习近平：《在党史学习教育动员大会上的讲话》，人民出版社 2021 年版，第 24-25 页。

② 习近平：《在党史学习教育动员大会上的讲话》，人民出版社 2021 年版，第 26 页。

不确定性，只有持续优化党内政治文化发展的国际环境，才能更好地在国际舆论场上讲好中国共产党的故事、传播好中国共产党的声音。

1. 以包容互鉴净化国际政治环境

随着中国和平崛起，西方国家加大了对华围堵与打压，在国际舆论斗争上持续加大攻势。国际舆论斗争的重点在于，中国的发展道路不同于所谓的"西方模式"，"西方中心论"受到挑战和质疑，为维护"西方中心论"这一"普世"的价值共识，西方国家必然对中国展开攻击和造势，中国也势必进行针锋相对的反击与回应。百年未有之大变局下，文明竞赛"东升西降"让西方失落，权力结构"南升北降"让西方失望，国家制度"中升西降"让西方失措，发展动能"新升旧降"让西方失势。一系列的失利，让"不适应""不舒服"的西方注定会"把气撒在别人身上"，对中国的舆论斗争将更为变本加厉。① 随着国际舆论斗争环境日益复杂，"文明冲突论""文明优越论"沉渣泛起，加剧了不同文明之间的仇恨与隔阂，阻碍了中国与国际社会的交流与合作，对党内政治文化发展产生消极影响。要改变这一局面，就要弘扬全人类共同价值，以包容互鉴净化国际政治环境。

2023 年 3 月 15 日，习近平主席在中国共产党与世界政党高层对话会上的主旨讲话中指出："中国共产党将致力于推动文明交流互鉴，促进人类文明进步。当今世界不同国家、不同地区各具特色的现代化道路，植根于丰富多样、源远流长的文明传承。"② 这一讲话不仅表明中国共产党胸怀天下的世界视野和共产主义情怀，更传递出我们以对话

---

① 李仕权等：《拆解"双标"：那些误读中国的套路》，人民日报出版社 2021 年版，第 121 页。

② 习近平：《携手同行现代化之路——在中国共产党与世界政党高层对话会上的主旨讲话》，《人民日报》2023 年 3 月 16 日。

弥合分歧、以合作化解争端、以共识取代争议、以交流代替孤立的价值观，也为党内政治文化发展增添新的内容。只有在承认差异、尊重多样、提倡对话、倡导合作的前提下推动世界各国交流交往，才能最大限度凝聚各国共识，为党内政治文化发展创造有利的国际政治环境。

2. 以合作共赢净化国际经济环境

当前，百年未有之大变局加速演进，保护主义、单边主义抬头，全球化遭遇逆流，乌克兰危机、巴以冲突等地缘政治热点事件加剧全球不稳定因素，部分西方国家将经济交往泛安全化，资本跨国流动不确定性上升，全球供应链整合、产业格局重塑压力加大，导致世界经济下行压力加大、复苏动力不足。党内政治文化发展离不开中国共产党治国理政具体实践，更离不开经济基础的有力支撑。

2023 年 11 月，习近平向第六届中国国际进口博览会致信，在信中表示："当前，世界经济复苏动力不足，需要各国同舟共济、共谋发展。中国将始终是世界发展的重要机遇，将坚定推进高水平开放，持续推动经济全球化朝着更加开放、包容、普惠、平衡、共赢的方向发展。"[1] 中国的发展离不开世界，世界经济复苏更需要中国。只有通过携手合作，营造有利于共同发展的国际经济环境，才能将中国式现代化的强劲势能转化为经济发展的加速器，让合作共赢惠及世界、成为世界经济发展的共识，为党内政治文化发展营造高效、稳定的国际经济环境。

3. 以文化交流净化国际文化环境

文化自信是更基本、更深沉、更持久的力量。19 世纪以来，西方工业文明和资本主义发展造就了部分西方国家的自信、自傲、自大，处处用"双重标准"来衡量和攻击其他国家，不断宣扬"西方中心

---

[1]　《习近平向第六届中国国际进口博览会致信》，《人民日报》2023 年 11 月 6 日。

论"和资本主义文明。部分西方国家对中国共产党了解不充分、不全面，借助"文明冲突论""中国威胁论"等政治论调制造文化冲突和对立，不断歪曲、抹黑中国共产党的国际形象。

面对上述情况，我们应该坚定文化自信，推动中华文明和中国特色社会主义文化的国际传播，以文化交流净化国际文化环境，为党内政治文化发展拓展空间。习近平指出："中华民族拥有在5000多年历史演进中形成的灿烂文明，中国共产党拥有百年奋斗实践和70多年执政兴国经验，我们积极学习借鉴人类文明的一切有益成果，欢迎一切有益的建议和善意的批评，但我们绝不接受'教师爷'般颐指气使的说教！"① 以上重要论述充分彰显了中国共产党和中国人民的志气、骨气和底气。

推动中华文明和中国特色社会主义文化"走出去"，应该从以下几方面入手：一是"走得快"。要通过国际经贸论坛、体育活动、文化交流活动等多种场合推介中华文明和中国特色社会主义文化，重点阐述中国的发展观、文明观、安全观、人权观、生态观、国际秩序观和全球治理观，增进世界各国对中国的了解、对中国共产党的认知。二是"走得稳"。要在"走得快"的基础上做到稳中有进，向世界展现中国式现代化的历史脉络、价值追求和伟大成就，展现中国式现代化蕴含的文化基因，展现中国式现代化是中国共产党领导的社会主义现代化，增进世界各国对中国共产党治国理念的认知、对中国共产党对外交往理念的认同。三是要"走得远"。要在国际社会讲好中国共产党故事、传播好中国共产党声音，掌握中国共产党国际形象塑造的主动权和话语权，为党内政治文化发展营造良好的国际文化环境。

---

① 习近平：《在庆祝中国共产党成立100周年大会上的讲话》，人民出版社2021年版，第14—15页。

四、强化党内政治文化的发展保障

党的建设作为系统工程，包含众多内部要素，如政治建设、思想建设、组织建设、作风建设、纪律建设和制度建设等。发展积极健康的党内政治文化既是党的思想建设的必然要求，又是党的政治建设的题中之义，也与党的建设的其他方面有密切关联。要通过党内法规制度的完善、党的政治纪律的严格执行和选人用人导向的端正为党内政治文化发展提供保障。

（一）完善党内法规制度

党内法规是中国共产党规范党组织工作、活动和党员行为的规章制度的总称。根据《中国共产党章程》，党内法规制定条例规定了党内法规的制定原则、内容、程序和效力位阶等。党内法规主要包括党章、准则、条例、规定、办法、规则和细则 7 类。党章是最基本的党内法规，是制定其他法规的基础和依据，在党内法规体系中具有最高效力。其他如准则、条例等则分别对全党政治生活、组织生活和全体党员行为等作出基本规定，或对党的某一领域重要关系或某一方面重要工作作出全面规定。具体来说，党内法规的种类可以进行如下划分：一是党的组织法规，如《中国共产党地方委员会工作条例》《中国共产党工作机关条例（试行）》等。二是党内选举法规，如《中国共产党基层组织选举工作条例》《中国共产党地方组织选举工作条例》等。三是党的组织工作法规，如《中国共产党组织工作条例》。四是党的象征标志法规，如《中国共产党党徽党旗条例》。五是党的领导法规，主要涉及中国共产党对经济建设、法治建设、宣传思想工作、社会治理、统一战线等方面的领导。六是党的自身建设的法规，主要涉及党的政治建设、思想建设、组织建设、作风建设、纪律建设和制度建设等方面。

党的十八大以来，党中央出台众多党内法规，推动全面从严治党不断取得实效。党的二十大报告强调："完善党内法规制度体系，增强党内法规的权威性和执行力。"① 党内法规与党内政治文化发展相辅相成。一方面，党内法规作为中国共产党规范党组织工作、约束党员行为、体现党的意志的规章制度，本身就是党内政治文化的重要组成部分。另一方面，党内政治文化的发展是党内法规制定和执行的重要依据，而党内法规为党内政治文化发展提供制度保障。因此，发展积极健康的党内政治文化，要充分发挥党内法规制度的保障和支撑作用。

将党内法规制度建设融入党内政治文化发展中，要提升党员的制度意识，使其深刻认识到党内法规建设的重大意义，通过各种形式增进党员对党内法规的理解和认同，使党内法规制度宣传教育深入人心，形成理解制度、遵守制度、敬畏制度的良好氛围。同时，要不断完善党内法规制度体系，确保形成党的领导和党的建设的各个领域的党内法规全覆盖，形成科学、系统、高效的制度体系。此外，要提升党内法规制度的执行力，严格落实"三会一课"制度、民主集中制度、组织生活制度和廉洁自律制度等，通过加强组织领导、明确责任分工、强化监督检查、严肃责任追究和建立激励机制等方式提升党内法规的执行力，使党内政治文化发展有法可依、有据可查。

（二）严肃党的政治纪律

政治纪律是中国共产党最根本、最重要的纪律，是党的全部纪律

---

① 习近平：《高举中国特色社会主义伟大旗帜　为全面建设社会主义现代化国家而团结奋斗——在中国共产党第二十次全国代表大会上的报告》，人民出版社 2022 年版，第 66 页。

的基础，是维护党的团结和集中统一领导的重要保证。党的政治纪律和党内政治文化发展是同向同行的，二者共同服务于党的建设。一方面，党的政治纪律能够为党内政治文化发展提供坚实的保障，确保党内政治文化始终沿着正确的方向发展。另一方面，党内政治文化发展有助于增强党员的政治意识和纪律意识，促进党员自觉遵守政治纪律，形成良好的党内政治生态。

第一，严肃党的政治纪律，必须坚持党中央集中统一领导。党政军民学、东西南北中，党是领导一切的。严肃党的政治纪律，要深刻认识到坚持和加强党中央集中统一领导的极端重要性，深刻领悟"两个确立"的决定性意义，不断增强"四个意识"、坚定"四个自信"、做到"两个维护"，推动各级党组织与党员干部与党中央保持高度一致，形成"真心爱党、时刻忧党、坚定护党、全力兴党"的党内政治文化，提升党员干部干事创业的热情。

第二，严肃党的政治纪律，必须严格遵守党的政治规矩。没有规矩不成方圆，人不以规矩则废，党不以规矩则乱。党的规矩是指党的各级组织和全体党员必须遵守的行为规范和规则，是党章、纪律、法律的规范要求和党的优良传统、工作惯例等的总和，既包括成文的党内法规，也包括传统、习惯等不成文的规矩。习近平指出："对我们这么一个大党来讲，不仅要靠党章和纪律，还得靠党的优良传统和工作惯例。这些规矩看着没有白纸黑字的规定，但都是一种传统、一种范式、一种要求。纪律是成文的规矩，一些未明文列入纪律的规矩是不成文的纪律；纪律是刚性的规矩，一些未明文列入纪律的规矩是自我约束的纪律。党内很多规矩是我们党在长期实践中形成的优良传统和工作惯例，经过实践检验，约定俗成、行之有效，反映了我们党对一些问题的深刻思考和科学总结，需要全党长期坚持并自觉遵循。"[1]党员干部遵守政治规矩是讲党性、讲原则、对党忠诚的重要体现。要引导党员干部做到坚守政治信仰、不忘政治纪律、遵守政治规矩，以更强的党性意识、更高的党性觉悟严格要求自己，形成守纪律、讲规矩的党内政治文化。

第三，严肃党的政治纪律，必须严格遵守党内政治生活准则。党内政治生活是党内政治文化的重要体现，要引导党员干部严格执行《关于新形势下党内政治生活的若干准则》，增强党内政治生活的严肃性与原则性，坚决防止和反对个人主义、分散主义、自由主义、本位主义等不良风气。

（三）端正选人用人导向

人才是中国共产党治国理政的根本。办好中国的事情，关键在党，办好党的事情，关键在人才，在选拔好、使用好人才。"选拔什么样的人、从哪里选拔人、怎样选拔人"是中国共产党干部政策的重要内容，也是党内政治文化的重要体现。

第一，要坚持德才兼备、以德为先，选拔品德出众的干部。德是干部的首要条件，是干部必须具备的基本素质。干部必须具备坚定的理想信念，忠诚于党的事业，忠诚于人民，具备良好的政治品质和道德品质。同时，干部必须具备较强的业务能力和工作能力，能够胜任本职工作，为党和人民的事业作出贡献。

第二，要坚持五湖四海、任人唯贤。党的干部的选拔要做到打破地域、部门和单位的限制，坚持政治优先和业绩考评相结合，做到人

---

[1]　中共中央纪律检查委员会、中共中央文献研究室：《习近平关于严明党的纪律和规矩论述摘编》，中央文献出版社、中国方正出版社2016年版，第7-8页。

岗相适、人事相宜。要以工作实绩为重要衡量标准，以群众口碑为重要衡量依据，做到以实绩论英雄、以实绩用干部。

第三，要建立干部激励机制。通过完善的奖惩机制与纠错容错机制激发干部的工作热情，关心关注信念坚定、为民服务、勤政务实、敢于担当、清正廉洁的新时代好干部成长成才，真正做到让有为者有位、能干者能上、吃苦者吃香、优秀者优先。

主要参考文献

一、经典文献

1. 《马克思恩格斯选集》第1—4卷，人民出版社2012年版。

2. 《马克思恩格斯文集》第1—10卷，人民出版社2009年版。

3. 《列宁选集》第1—4卷，人民出版社2012年版。

4. 《毛泽东选集》第1—4卷，人民出版社1991年版。

5. 《邓小平文选》第1—3卷，人民出版社1993年、1994年版。

6. 《江泽民文选》第1—3卷，人民出版社2006年版。

7. 《胡锦涛文选》第1—3卷，人民出版社2016年版。

8. 《习近平谈治国理政》第1—4卷，外文出版社2018年、2017年、2020年、2022年版。

9. 《习近平著作选读》第1—2卷，人民出版社2023年版。

10. 《关于若干历史问题的决议》，人民出版社2010年版。

11. 《关于建国以来党的若干历史问题的决议》，人民出版社2010年版。

12. 《中共中央关于党的百年奋斗重大成就和历史经验的决议》，人民出版社2021年版。

13. 习近平：《高举中国特色社会主义伟大旗帜　为全面建设社会主义现代化国家而团结奋斗——在中国共产党第二十次全国代表大

会上的讲话》，人民出版社 2022 年版。

二、史料

1. 《中国共产党的一百年》，中共党史出版社 2022 年版。

2. 《建党以来重要文献选编（1921—1949）》共 26 册，中央文献出版社 2011 年版。

3. 《中共中央文件选集（1949—1966）》共 50 册，人民出版社 2013 年版。

4. 《三中全会以来重要文献选编》（上、下），中央文献出版社 2011 年版。

5. 中共中央文献研究室编：《十二大以来重要文献选编》（上、中、下），中央文献出版社 2011 年版。

6. 中共中央文献研究室编：《十三大以来重要文献选编》（上、中、下），中央文献出版社 2011 年版。

7. 中共中央文献研究室编：《十四大以来重要文献选编》（上、中、下），中央文献出版社 2011 年版。

8. 中共中央文献研究室编：《十五大以来重要文献选编》（上、中、下），中央文献出版社 2011 年版。

9. 中共中央文献研究室编：《十六大以来重要文献选编》（上、中、下），中央文献出版社 2011 年版。

10. 中共中央文献研究室编：《十七大以来重要文献选编》（上、中、下），中央文献出版社 2013 年版。

11. 中共中央文献研究室编：《十八大以来重要文献选编》（上、中、下），中央文献出版社 2018 年版。

12. 中共中央党史和文献研究院编：《十九大以来重要文献选编》（上、中、下），中央文献出版社 2019 年、2021 年、2023 年版。

三、著作

1. 王邦佐：《中国政党制度的社会生态分析》，上海人民出版社2000年版。

2. 马振清：《中国公民政治社会化问题研究》，黑龙江人民出版社2001年版。

3. 洪向华：《党内政治文化——新时代中国共产党成功的基因》，人民出版社2018年版。

4. 余英时：《中国思想传统的现代诠释》，江苏人民出版社2006年版。

5. 高新民、张希贤：《中国共产党建设史》，中共中央党校出版社2009年版。

6. 王理乐：《政治文化导论》，中国人民大学出版社2000年版。

7. 吕元礼：《政治文化转型与整合》，江西人民出版社1999年版。

8. 王邦佐：《新政治学概要》，复旦大学出版社1998年版。

9. 赵理富：《政党的魂灵：中国共产党政党文化研究》，武汉大学出版社2008年版。

10. 刘学军：《政治文明的文化视角——中国现代化进程中的政治文化走向》，江西高校出版社2004年版。

11. 俞可平：《权力政治与公益政治》，社会科学文献出版社2000年版。

12. 本书编写组：《党内政治文化怎么看怎么办》，党建读物出版社2018年版。

13. 李冉：《中国共产党政党文化研究》，复旦大学出版社2009年版。

14. 林尚立：《当代中国政治形态研究》，天津人民出版社 2000 年版。

15. 李君如：《中国共产党建设史》（上），福建人民出版社 2012 年版。

16. 刘明君等：《多元文化冲突与主流意识形态建构》，中国社会科学出版社 2008 年版。

17. 郭庆光：《传播学教程》，中国人民大学出版社 2002 年版。

18. 王长江：《政党政治原理》，中共中央党校出版社 2009 年版。

19. 陈龙：《大众传播学导论》，苏州大学出版社 2013 年版。

20. 黄丹：《马克思政治社会化研究》，复旦大学出版社 2014 年版。

21. 杜旭宇、程洪宝等：《执政条件下党的意识形态构建》，人民出版社 2017 年版。

22. 刘文江：《中国共产党文化研究》，中共党史出版社 2005 年版。

23. 刘娜：《中国共产党当代政党文化建设研究》，中国经济出版社 2017 年版。

24. 陈义平、王建文：《当代中国政治文化论》，安徽人民出版社 2014 年版。

25. 韩华：《全球背景下中国共产党人价值观研究》，光明日报出版社 2010 年版。

26. 郑师渠：《中国共产党文化思想史研究》，中共中央党校出版社 2007 年版。

27. 杨献珍：《论党性》，河南人民出版社 1981 年版。

28. 〔美〕塞缪尔·P. 亨廷顿著，王冠华等译：《变化社会中的政治秩序》，上海人民出版社 2008 年版。

29. 〔美〕塞缪尔·亨廷顿著，李盛平、杨玉生等译：《变革社会中的政治秩序》，华夏出版社 1988 年版。

30. 〔美〕塞缪尔·P. 亨廷顿著，张岱云译：《变动社会的政治秩序》，上海译文出版社 1989 年版。

31. 〔美〕加布里埃尔·A. 阿尔蒙德、小 G. 宾厄姆·鲍威尔著，曹沛霖等译：《比较政治学：体系、过程和政策》，东方出版社 2007 年版。

32. 〔美〕加布里埃尔·A. 阿尔蒙德、西德尼·维巴著，徐湘林等译：《公民文化——五个国家的政治态度和民主制》，东方出版社 2008 年版。

四、期刊

1. 白清平、倪江纯：《新时代党内政治文化建设的内在要求与实践进路》，《学习与实践》2023 年第 5 期。

2. 徐龙建：《党内政治文化的三维审视及其意义》，《理论视野》2023 年第 4 期。

3. 米占民：《新时代中国共产党党内政治文化建设的多维探析》，《世界社会主义研究》2023 年第 8 卷第 3 期。

4. 杨子强、陈诚：《新时代加强党内政治文化建设的理论思考》，《人民论坛·学术前沿》2023 年第 3 期。

5. 史成虎：《时空社会学视域下党内政治文化建设研究》，《理论月刊》2023 年第 2 期。

6. 陈克娥、彭静、王熠、盛倩菲：《新时代优化党内政治生态的六个着力点探析》，《湖北师范大学学报（哲学社会科学版）》2023 年第 43 卷第 1 期。

7. 马玉婕：《新时代加强党内政治文化建设的基本路径》，《马克思主义文化研究》2022 年第 2 期。

    8. 卢艳香、王春玺：《十八大以来风清气正的党内政治生态的形成与发展》，《北京社会科学》2022 年第 12 期。

    9. 冯留建、江薇：《延安时期党内政治文化内涵探析》，《北京师范大学学报（社会科学版）》2022 年第 6 期。

    10. 徐龙建：《论伟大建党精神与党内政治文化的内在逻辑》，《湖湘论坛》2022 年第 35 卷第 6 期。

    11. 陈屹：《中华优秀传统文化视域下党内政治文化建设研究》，《理论视野》2022 年第 10 期。

    12. 郑玉豪、朱小玲：《新时代党内政治文化建设的内在逻辑与实践向度》，《南京理工大学学报（社会科学版）》2022 年第 35 卷第 5 期。

    13. 袁明旭：《党内政治文化建设百年历程的基本经验与启示》，《贵州社会科学》2022 年第 8 期。

    14. 勾宇威、赵朝峰：《新时代加强党内政治文化建设的路径探析》，《新视野》2022 年第 2 期。

    15. 卢成观、代金平：《中国共产党百年党内政治文化建设的基本经验》，《理论月刊》2022 年第 2 期。

    16. 孙旭红、司琼琼：《百年来中国共产党党内政治文化建设的历史进程与时代要求》，《晋阳学刊》2022 年第 1 期。

    17. 刘燕、高继文：《以党内政治文化建设推动全面从严治党向纵深发展》，《山东社会科学》2022 年第 1 期。

    18. 蔡文华、刘锦玉：《党内政治文化建设的百年回顾与基本经验》，《长白学刊》2022 年第 3 期。

    19. 张翠莉：《党内政治文化与党内法规制度：逻辑、问题与路径》，《晋阳学刊》2021 年第 6 期。

20. 郑勇良、朱秉贤：《新时代坚持和推进党内政治文化建设》，《学习月刊》2021 年第 11 期。

21. 雷青松：《中国共产党政治文化领导力的意涵与提升》，《领导科学》2021 年第 22 期。

22. 陈倩倩、安海燕：《"红船精神"及其对党内政治文化建设的涵养》，《社会科学动态》2021 年第 10 期。

23. 张士海、崔庆君：《中国共产党党内政治文化建设的百年历史经验》，《湘潭大学学报（哲学社会科学版）》2021 年第 45 期。

24. 桑学成、许江：《中国共产党党内政治文化建设的百年探索：历程、经验与展望》，《江苏行政学院学报》2021 年第 4 期。

25. 罗永宽、蓝天：《中国共产党推进党内政治文化建设的百年历程与基本经验》，《理论视野》2021 年第 7 期。

26. 穆鹏程、高福进：《合法性与道义性：党内政治文化认同的双重特性》，《广西社会科学》2021 年第 6 期。

27. 李长学：《习近平关于加强党内政治文化建设重要论述的科学内涵》，《科学社会主义》2021 年第 3 期。

28. 史成虎：《"三元主体"结构视角下党内政治文化的功能分析》，《社会主义研究》2021 年第 3 期。

29. 冯留建、刘国瑞：《延安时期党内政治文化功能探析》，《北京师范大学学报（社会科学版）》2021 年第 3 期。

30. 胡小君：《建党一百年来党内政治文化发展的主线、脉络与经验》，《江汉论坛》2021 年第 5 期。

31. 张克克、燕昌俊、杨晓曦：《党内政治文化建设：百年回望与经验启示》，《新视野》2021 年第 3 期。

32. 刘舒怀：《党内政治文化传承：理论要素与运作机制》，《江汉论坛》2021 年第 4 期。

33. 张弛：《新时代民主集中制理论的重要拓展——习近平总书记关于发展积极健康的党内政治文化重要论述探析》，《毛泽东思想研究》2021 年第 38 卷第 2 期。

34. 海娜：《"制度——社会"结构下中国共产党党内政治文化建设问题研究》，《领导科学》2021 年第 6 期。

五、学位论文

1. 马云晋：《延安时期中共党内政治文化建设研究》，西北大学2022 年博士学位论文。

2. 马健永：《新时代中国共产党党内政治文化建设研究》，山东师范大学 2022 年博士学位论文。

3. 崔庆君：《中国共产党党内政治文化建设研究》，山东大学2021 年博士学位论文。

4. 靳贺：《中国共产党党内政治生态优化研究》，山东大学 2021年博士学位论文。

5. 许晶：《新时代加强中国共产党党内政治文化建设研究》，福建师范大学 2021 年博士学位论文。

6. 刘舒怀：《中国共产党党内政治文化建设研究》，兰州大学2021 年博士学位论文。

7. 唐恭玲：《新时代中国共产党党内政治文化建设问题研究》，中共中央党校 2020 年博士学位论文。

8. 梁超伟：《中国共产党党内政治文化建设研究》，中共中央党校 2020 年博士学位论文。

9. 任彦：《新时代中国共产党党内政治文化建设研究》，中共中央党校 2020 年博士学位论文。

10. 郭璐璐：《党内政治生态的运行机制研究》，中共中央党校

2020 年博士学位论文。

11. 王光明：《新时代加强党内政治文化建设研究》，兰州大学 2020 年博士学位论文。

12. 尹涌：《中国共产党党内政治文化建设研究》，曲阜师范大学 2019 年博士学位论文。

13. 夏雨菲：《新时代中国共产党党内政治文化研究》，中共中央党校 2019 年博士学位论文。

14. 陈小娇：《中国共产党党内政治文化研究》，中共中央党校 2019 年博士学位论文。

15. 李燕：《新时代中国共产党党内政治文化建设研究》，武汉大学 2019 年博士学位论文。

16. 代江波：《中国共产党党内政治生态建设研究》，中共中央党校 2018 年博士学位论文。

17. 李东：《中国共产党政党文化建设研究》，辽宁大学 2017 年博士学位论文。

18. 韩冰：《中国执政党权力监督体系建设研究》，中共中央党校 2010 年博士学位论文。

19. 邬思源：《中国共产党监督制度的构建》，华东师范大学 2006 年博士学位论文。

后　记

党的二十大报告指出："深化标本兼治，推进反腐败国家立法，加强新时代廉洁文化建设，教育引导广大党员、干部增强不想腐的自觉，清清白白做人、干干净净做事，使严厉惩治、规范权力、教育引导紧密结合、协调联动，不断取得更多制度性成果和更大治理效能。"华南师范大学马克思主义学院"廉洁文化丛书"，就是在深入推进新时代党的建设新的伟大工程背景下，从文化建设层面对全面从严治党作出的理论思考。作为"廉洁文化丛书"之一，《发展积极健康的党内政治文化》一书由华南师范大学马克思主义学院胡国胜教授和赵伟程博士后共同完成，胡国胜教授负责写作框架、思路以及书稿的修改，赵伟程博士后负责书稿撰写。

在党的十八届六中全会上，"党内政治文化"作为新时代党的建设的重要概念被正式提出。这一概念从诞生起就具有鲜明的问题导向和实践指向，对其进行研究不能停留在理论或思辨层面，而是应该积极、勇敢地回应党的建设中与政党文化相关的若干问题。正是基于这样的思考，本书首先对党内政治文化作出界定，并为整个研究定调，即站在建设长期执政的马克思主义政党的高度审视党内政治文化发展。在写作过程中，本书以党的二十大报告提出的"时刻保持解决大党独有难题的清醒和坚定"为出发点，总结党的十八大以来党内政治文化发展的阶段性成就，分析新时代党内政治文化发展面临的机遇与挑战，从夯实基础、强健主体、优化环境、强化保障等方面提出发展积极健康的党内政治文化的措施。

感谢广东人民出版社编辑团队在本书出版过程中的辛勤付出！

在写作过程中，本书引用了许多学术界同仁的观点和成果，限于篇幅，没能一一引注，也有一些网络资料难以标注，在此一并表达感谢。限于时间和水平，书稿恐有不足之处亟待完善，盼请广大读者批评指正。

赵伟程　胡国胜

2024 年 5 月